女性が備えるべき3つの相続

「親」の相続、「夫」の相続、「自分」の相続

税理士 髙山 亜由美［著］
Ayumi Takayama

近代セールス社

皆さまには、万が一の時に相談できる相続の専門家がいらっしゃいますか…？

私は数多くのお客様のご相談をお受けしてきましたが、ご相談できるパートナーがいらっしゃるかどうかが、皆さまにとって最も重要なことだと感じています。

はじめに
～女性に知っておいて頂きたい相続対策

本書を手に取ってくださりありがとうございます。

税理士の高山亜由美と申します。私は日頃、税理士として会計の業界で仕事をしています。具体的に申しますと、個人の方の相続対策や、会社を経営していらっしゃる方の事業承継対策、実際に相続が起きたご家族に関しては、相続税の申告書作成や税務調査の対応などをしております。また、一般のお客様向けのセミナーや、金融機関の営業の方向けの研修をさせて頂く機会もございます。

私が実際に相続の相談をお受けする方は、資産を遺す側の立場である親御様もいらっしゃれば、引き継ぐ側の立場であるお子様もいらっしゃいます。また、将来の相続に向けて準備をしておきたいという方や、既に相続が起きてしまったということでお会いする方もいらっしゃいます。

これまで10年以上、私はいろいろな方の相談をお受けしてきましたが、「しっかり準備をしておいてよかった」ですとか、逆に、「早く知っていれば結果は違ったのに」といったご意見をよくお聞きします。

とりわけ、女性にとって「相続」といった場合、「親」「夫」「自分」と、主に3つの相続について考えておかなければなりません。私は、これまでの相続に関する実務経験を踏まえ、同じ女性の立場から、女性の皆さまにこの3つの相続という視点についてお伝えしたいと思い、本書を執筆することに致しました。

本書では、相続税の基本的な仕組みや、具体的な相続対策についても触れていますが、皆さまにスムーズに読み進めていただけるよう、専門的な用語や詳細な解説はできるだけ簡略化し、ポイントを絞ってご説明するようにしております。

相続は、資産状況や相続税という税金の仕組みだけでなく、相談者ご本人のお気持ちやご家族との関係など、さまざまな要因が複雑に絡み合います。読者の皆さまは、それぞれのお立場で不安に思われていることがおありかと思いますが、本書から何かしらのヒントを得て頂き、皆さまのお役に立てて頂けますと幸いです。

税理士　高山　亜由美

２０１９年6月

目次

はじめに　～女性に知っておいて頂きたい相続対策

プロローグ　～相続に関する5つの誤解

①『相続の準備は、体調が悪くなってから始めよう』・9

②『相続税が少なく済むように、全て配偶者に相続させよう』・10

③『平等にしたいので、全ての財産を「法定相続分」で相続させよう』・11

④『遺言書は必要ない。財産の分け方は口頭の約束で充分なのでは？』・12

⑤『「生前贈与」として、子供や孫の口座に預金を振り込んでいる』・13

第1章 相続のきほん

1. 誰が相続人になるのか・16
2. 相続税がかかるか、かからないか・23

〈改正ミニ知識①〉遺留分の算定方法の見直し・31

3. 相続税がかかる財産とは・33
4. 相続対策の第一歩「現状把握」・36

第2章 女性が備えるべき「3つの相続」

1. 「親」の相続・44

①『親に相続の話がしにくい…。どうしたらいいの?』・45

②『親と別居していて財産については何も聞かされていないけれど』・47

③『親には遺言を書いてもらうべき?』・48

2. 「配偶者(夫)」の相続・49

①『財産の管理は全て夫任せなので、もしもの時が不安』・49

②『預金は私名義の口座に移しておいたほうがいいの?』・51
③『夫が亡くなった時、財産をどう分けたらいいの?』・53
④『子供がいないけれど、何かしておくべき?』・58
〈改正ミニ知識②〉配偶者居住権の創設・59
3.「自分」の相続・63
①『ほとんどの財産は主人のものだから、私が死んだ時の心配はないわ』・63
②『相続税対策で、子供達の口座に毎年少しずつ振り込んでいる』・65
③『独身だけど、何かしておくべきことはあるかしら?』・65
④『将来、自分が認知症になったらどうなるのかしら?』・67
〈家族信託の仕組みと活用のポイント〉・69

第3章 遺産分割のきほん

1. 財産の分け方は生前に決める・74
2. 遺言書のポイント・77

①『今後状況が変わるから、遺言書はまだ作れない』・77
②『遺言書は自分で書いていいの？』・79
③『遺言のことは誰に相談すればいいの？』・80
④『遺言書を作るのに、費用はいくらかかるの？』・83
⑤『事前に家族に話しておくべき？』・84
⑥『作った遺言書は、誰かに預けておくべき？』・86

第4章　知っておきたい相続対策

1．不動産を活用して評価を下げる・92
①賃貸物件の敷地（貸付事業用）への適用・97
②自宅の敷地（特定居住用）への適用・99
③事業用建物の敷地（特定事業用）への適用・101
〈事例①〉…駐車場を賃貸物件にすることで、収支が改善し税負担も軽減したケース・104

〈事例②〉…遺産分割の代償金準備のため、自宅を賃貸併用にしたケース・108
2. 生命保険の非課税枠を活用する・111
〈事例①〉…二次相続のシミュレーションを行い、奥様の「保険金の非課税枠」を使ったケース・120
3. 生前贈与で相続財産を減らす・122
〈事例①〉…贈与対象者を追加し、相続税負担が軽減したケース・134
〈事例②〉…贈与手続きを整えたことで、税務調査で認められたケース・136
第5章 覚えておきたい相続の手続き
1. 各種手続きの期限に注意・140
〈改正ミニ知識③〉預貯金の仮払い制度の創設・144
2. 相続の専門家の探し方、付き合い方・147
エピローグ ～大切にしていること

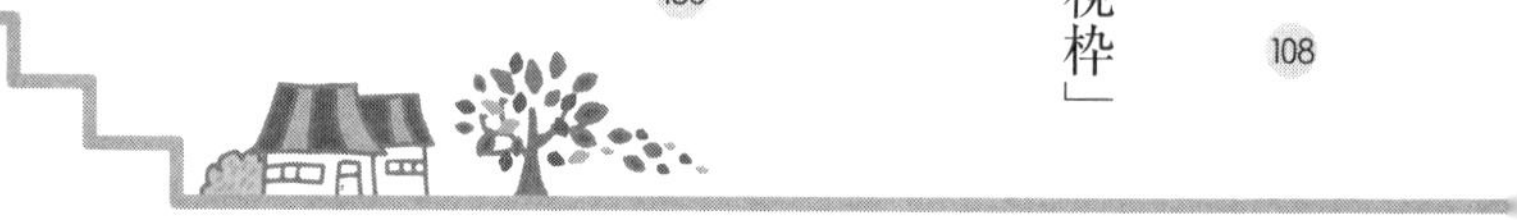

プロローグ
～相続に関する5つの誤解

私がよくお聞きするお客様のお声を紹介しますが、これらには少し誤解があるかもしれません。

①『相続の準備は、体調が悪くなってから始めよう』

こういったお考えをよくお聞きしますが、実際に体調が悪くなってしまうと、家族間で相続対策の話などとても出せる状況ではなくなります。また、時間的な余裕もなくなり、対策をするにしても選択肢が限られてしまうのです。

実際にどのような対策を実行するかはゆっくり考えて頂いていいのですが、まずは一度相談に行き、現状を把握する数字と簡単なアドバイスをもらう、ということをして頂きたいのです。

②『相続税が少なく済むように、全て配偶者に相続させよう』

配偶者は相続において税制面でとても優遇されています。例えばご夫婦が健在で、将来ご主人が先に亡くなられた場合には、配偶者である奥様が相続すると、相続税が少なく済むのです。

そのため、「税金が少なく済むように、全部妻に渡しておこう」とお考えになる方が多いのですが、そうした場合、将来、奥様が亡くなられた際の相続税が高くなる可能性があるのです。奥様の相続の際、財産を相続するお子様には、配偶者に設けられているような特例はありません。

相続税は、財産の額が多くなるほど税率が高くなる仕組みになっています。そのため、ご主人の相続（一次相続）時に「配偶者の優遇措置」を使いつつも、奥様の相続（二次相続）時の財産を増やし過ぎないように、バランスを考えることが重要といえるでしょう。

しかし、一方では、ご主人が亡くなられた後の奥様の老後の生活をどう守るか、という面もとても重要です。それは、節税という観点とは逆転した考え方になるかもしれません。では、どのような分け方をするのがいいのか…。具体的なポイントは第2章でご紹介致します。

③『平等にしたいので、全ての財産を「法定相続分」で相続させよう』

ご夫婦で一緒にご自宅を所有している、ですとか、土地がご兄弟の共有名義になっている、という方もいらっしゃるのではないでしょうか。「不動産の共有」とは、複数人で1つの不動産を所有することです。

共有名義の1人が亡くなった場合、その権利は、通常相続人が相続します。つまり、将来にわたり相続が発生していくにつれ、共有者が増え、権利関係がさらに複雑になることが想定されます。また、関係者が増えると、その不動産を今後どのようにしていくかについて、意見がまとまらなくなる可能性が高くなるでしょう。

ですので、遺産分割の話し合いをする際は、不動産が共有にならない案を考えることが重要なのです。

④『遺言書は必要ない。財産の分け方は口頭の約束で充分なのでは？』

私の個人的な意見としては、やはり遺言書は作成して頂きたいと思っています。仲がいいご家庭であっても、いざ相続が起きた際には、誰がどのように意見をしてくるか分かりません。事実、私もこれまで数え切れないほどのもめてしまった事例に遭遇してきました。

例えば、お子様に相続するケースで考えてみましょう。お子様が結婚して配偶者がいる場合には、たとえ、お子様方が財産を取り合わないとしても、お子様の配偶者や、そのご家族の意見が影響することがあるのです。

お子様たちが、周囲から意見を言われ困ることがないようにするためにも、遺言書はとても有効な対策といえるでしょう。

⑤『「生前贈与」として、子供や孫の口座に預金を振り込んでいる』

これは該当するという方が多いのではないでしょうか。もちろん、贈与をすることは悪いことではありません。ただし、税務署はこの点を注意深く見るのです。税務調査において、チェック対象になりやすい論点ということです。

生前贈与とは、生きている間に財産を贈ることですね。これは相続対策としてとても有効な面がありますが、ただお子様やお孫様の口座に振込みをしている、というやり方ですと、税務署には贈与と認めてもらえないことがあるのです。

将来、もし税務調査が来たとしてもきちんと説明できるよう、正しい手続きをし、きちんとした贈与を実行することが重要です。生前贈与の手続きに関しては、第４章で具体的にご説明致します。

このように、正しいやり方をしていれば有効な相続対策になることでも、誤った方法や考え方で実行してしまうとトラブルにつながってしまうのです。

本書を開いて頂いた皆さまにはそのようなトラブルが起こらないよう、正しい対策についてご説明して参りましょう。

第1章

相続のきほん

1. 誰が相続人になるのか

◉相続人を確認する

皆さまは、どなたが相続人になるか、確認済みでいらっしゃいますか。

相続人とは、被相続人が亡くなった時に所有していた財産を相続する権利がある人のことです。この権利は民法で定められています。

◉相続人は4段階で判断する

では、具体例で解説しましょう。

親族図①をご覧ください。「父」「母」「子」2人、「孫」1人という親族図です。この「父」が亡くなられた時の相続人を4段階で考えてみます。

まず1段階目は、配偶者である「母」です。亡くなった時点で婚姻関係にある配偶

●親族図①

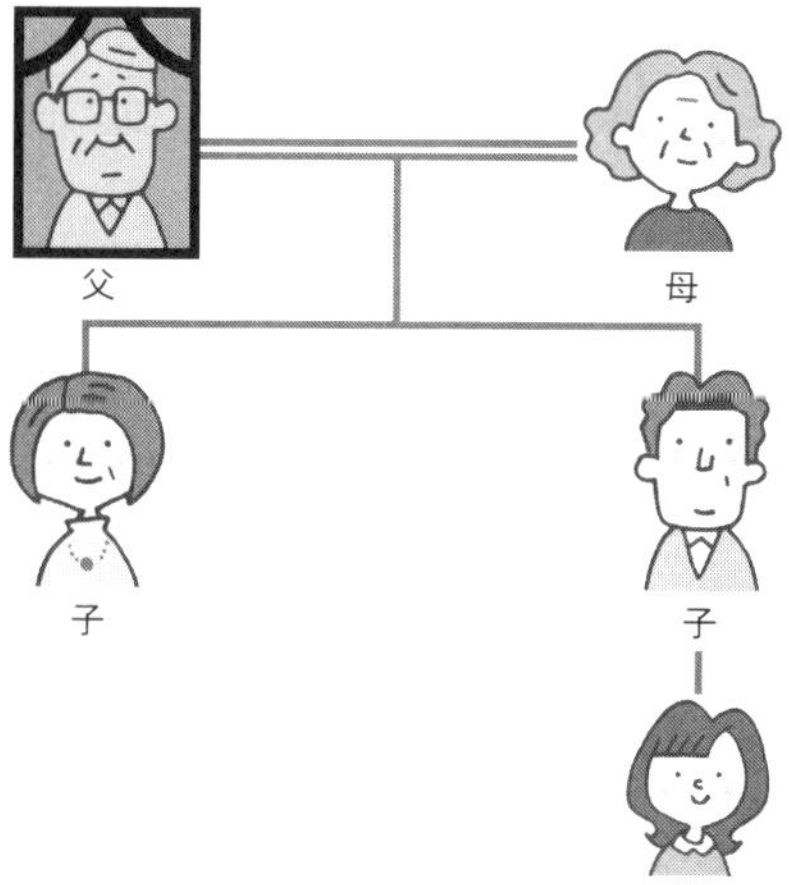

者は必ず相続人になります。

2段階目は、亡くなられた方の下の世代がいるかを確認します。子供が2人いるので、この2人が相続人になります。この2段階目の人がいるので、3段階目、4段階目へは進まず、ここで終わりになります。

したがって、親族図①の「法定相続人の数」は、「母」「子」2人の計3人になります。

では続いて、**親族図②**のケースです。

先ほどの親族図①との違いは、「子」のうちの1人が先に亡くなっている点です。

先ほどと同様に、親族図②の「法定相続人の数」を確認してみましょう。まず最初

●親族図②

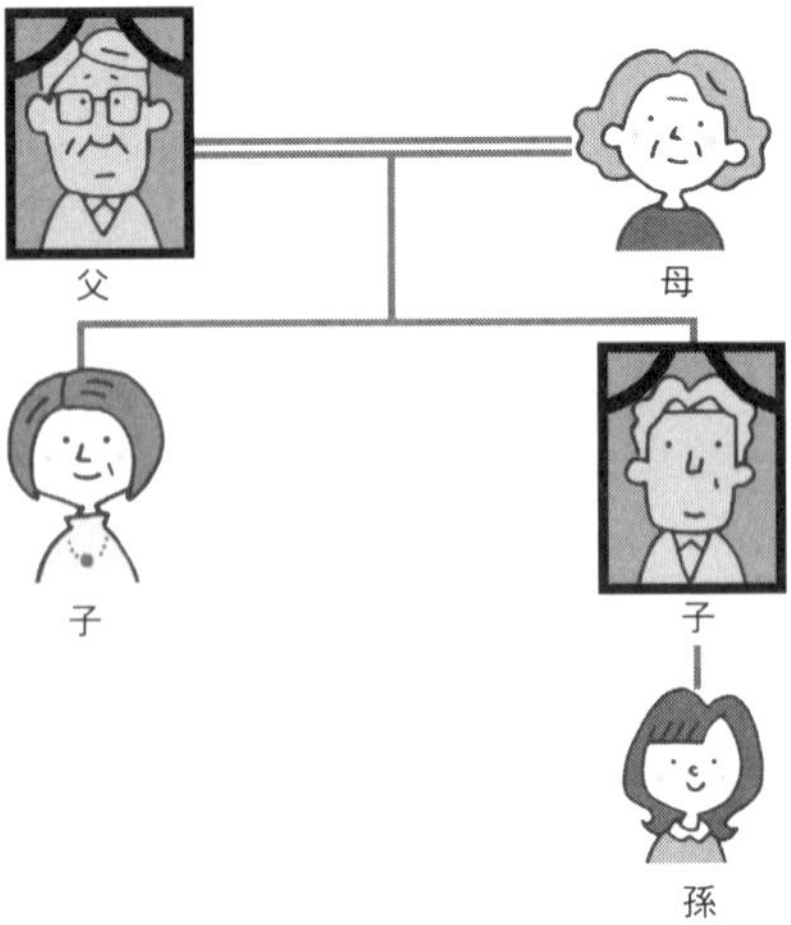

に、親族図の中の「母」、次に2段階目で健在な「子」1人、そして、先に亡くなれている「子」の下の世代の「孫」の計3人となります。先に亡くなられている「子」がいる場合は、その下の世代「孫」が代わりに相続人になります。これを「代襲相続」といいます。

では、もともとお子様がいらっしゃらないケースはどうなるのか、確認してみましょう。**親族図③**をご覧ください。

親族図の「夫」「妻」には、もともとお子さまがいらっしゃらず、「夫」には「兄」と「姉」「姪」がいる前提となっています。

●親族図③

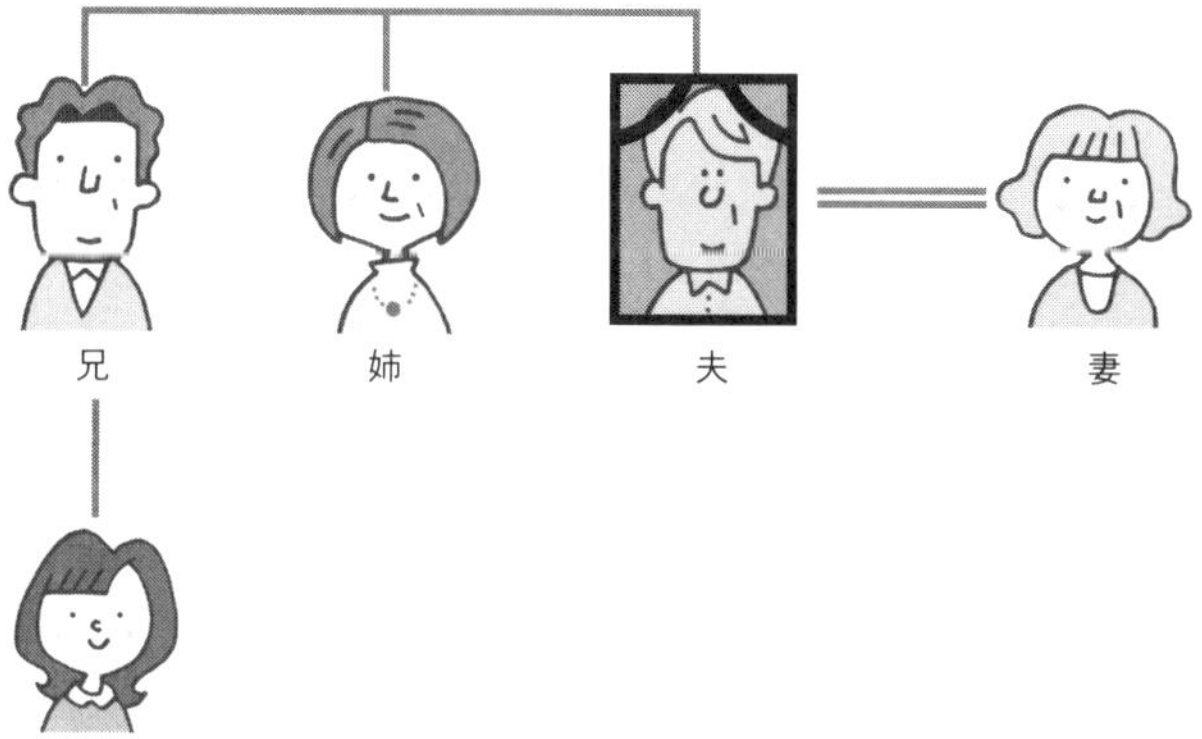

この場合の「夫」が亡くなられた時の「法定相続人の数」はどうなるでしょうか。

先ほどと同様に、4段階で考えてみます。まず、必ず配偶者である「妻」が相続人になりますね。

2段階目は下の世代を確認しますが、このケースではもともとお子様がいない設定なので、次の3段階目へ進みます。3段階目は、亡くなられた方の親、上の世代を確認します。この親族図③には明記していませんが、仮に「親」が健在であれば、「妻」と「親」が相続人になり、4段階目には進まず、ここで終わりになります。

3段階目の、親（上の世代）がすでに亡くなられている場合、最後に4段階目の兄弟姉妹へ進みます。つまり、親族図③のケースでは「兄」「姉」が法定相続人に該当し、「妻」と合わせて法定相続人の数は3人になります。

ちなみに、「兄」が「夫」より先に亡くなられていた場合には、「姪」が相続人になります。

この「法定相続人の数」は、この後の解説でも何度か出てきます。この数字はポイントになりますので、皆さまもご自分の場合の「法定相続人の数」をご確認ください。

◉相続人の意見がまとまらなかったら

さて、相続の権利者を確認して頂きましたが、プロローグにも書きましたように、実際の相続では、権利者（相続人）以外の意見が影響することがあるのです。その場合のトラブル回避法としては、遺言書で分け方を決めておく、という策に尽きると思います。

実際にあった事例ですが、17頁の親族図①のケースで、お子様は息子2人。長男は独身で、次男夫婦は日頃から親御様の自宅を訪れたり、外出時の送迎をするなど、付き合いを主にしていました。数年前に長男が結婚されて、その後まもなくお母様が亡くなりました。

ここで誰が意見してきたでしょうか…。

それは次男の妻でした。財産を半分ずつ分けるとしたら、それは貢献度という面からしておかしい、と主張してきたのです。貢献度という意味ではそのような考え方もあるでしょう。

最初は次男が自分の妻を説得しようとしましたが収まらず、最終的に、次男は長男に対し、多くの取り分を主張せざるを得なくなりました。

相続人以外の方の主張により、このご兄弟の関係は悪化してしまったのです。

また、先ほどの親族図③のように、お子様がいらっしゃらないご夫婦の場合にも、遺言書がとても重要と言えます。

「妻」からすると、「夫」の「兄」「姉」と、財産の分け方について話し合わなければならないということは、精神的にとても大きな負担になるものです。

「妻」の立場からすると、「さすがに主人の兄弟からは、財産がほしいと言ってこないのでは…」と思っていても、実際に主張されるケースは少なくありません。

こういった場合は、ご主人が「全部の財産を妻に」と遺言で決めておくのです。兄弟姉妹には遺留分がありませんから（後で解説します）、確定させることができるのです。

ご兄弟にも一部財産を渡したいということでしたら、生前に贈与を済ませるか、もしくは遺言書に明記して渡す分を限定すれば問題ないでしょう。

遺言書の書き方・作成のポイントについては、第3章でご紹介します。

2. 相続税がかかるか、かからないか

相続税の「基礎控除額」とは

具体的な相続税の話に入る前に、「基礎控除額」について確認しておきましょう。ご存知の方が多いと思いますが、相続税がかかるか、かからないか、という判断をする時に基準となる金額が「基礎控除額」です。この基礎控除額より相続財産が多ければ相続税がかかり、少なければかかりません。

この基礎控除額は皆さま同じ金額ではなく、具体的には次の計算式で定められています。

『基礎控除額＝3000万円＋600万円×法定相続人の数』（現行）

先ほど、親族図のところで「法定相続人の数」を確認しましたね。ご自分の「法定相続人の数」をこの算式に当てはめ、基礎控除額をご確認ください。

この基礎控除額は、平成27年1月1日に大きく引き下げられました。参考までに、改正前の計算式をご紹介します。

『基礎控除額＝5000万円＋1000万円×法定相続人の数』（改正前）

このように、基礎控除額が以前の6割に引き下げられたことで、これまで相続税は関係ないと思われていた方々に影響が出たのです。

ちなみに、税制の改正は毎年行われています。このように、大きく制度が変わる年もあれば、そうではない年もあります。時間の経過とともにご家族の状況にも変化が

●相続税の考え方（法定相続人３人の場合）

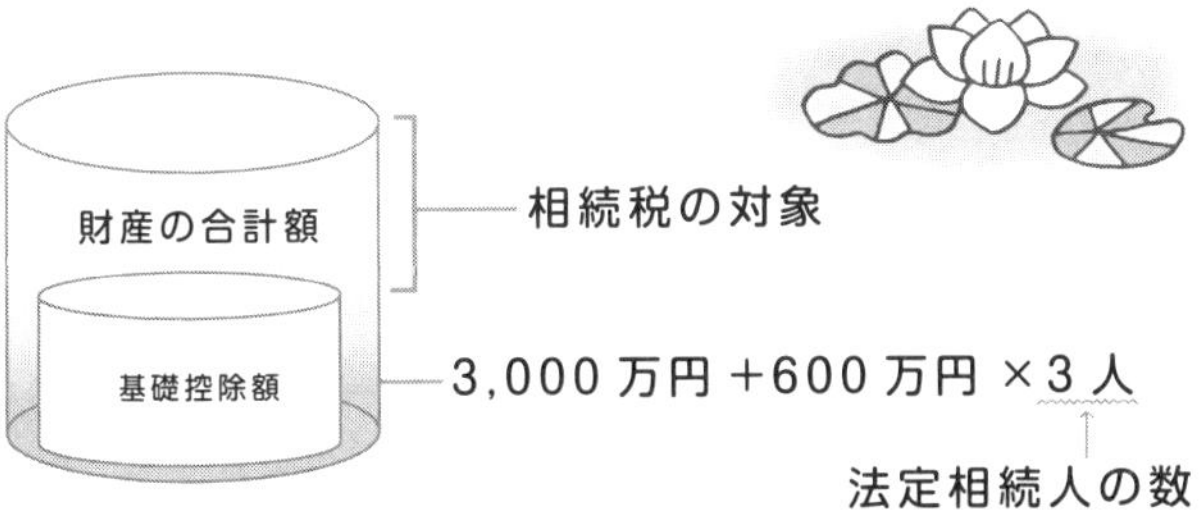

基礎控除額とは…

法定相続人の数	1人	2人	3人	4人
基礎控除額	3,600万円	4,200万円	4,800万円	5,400万円

あるでしょうから、「相続」は定期的に見直しをしていくことが重要なのです。

相続税がどのくらいかかるのか？

私はお客様から「親の自宅を引き継ぐことになっているのですが、相続税はいくらかかりますか？」とご質問を受けることがあります。また、このようなご質問を頂く方は、その不動産の情報のみを持って来られるケースが多いのです。実は、不動産の情報だけでは相続税は計算できません。

では、どんな情報が必要かといいますと、その不動産を持っている親御様の全財産の合計額です。相続税は、「財産の合計額」が把握できなければ計算できない仕組みになっています。不動産だけでなく、預貯金・株などの金融資産も含めて、相続税の対象となる財産が全部でいくらあるかを明確にして、はじめて税額を計算することができ、「この不動産を相続すると相続税がいくらかかるか」という個別の計算ができないのです。

相続税が個々の財産ごとに計算できるものではなく、「財産の合計額」を出すことがスタートであることは、皆さまが誤解しやすい点かもしれません。

特に、「親」や「夫」の相続について相談に来られた方は、「親」や「夫」の預貯金の金額をご存知ないケースが多く、その場合は、相続税の計算をして差し上げることができないのです。

このあと、相続税の計算の流れをご説明しますが、その中で出てくる「法定相続分」と「遺留分」について確認しておきましょう。

「法定相続分」と「遺留分」

法定相続分とは何か、遺留分は、どのような時に出てくる言葉で、どのくらいの割合なのか。このあたりを理解して頂くと、遺言書の作成や、財産の分け方を決める際に役立つと思います。

～財産は「法定相続分」で分けなければならないのか？

「法定相続分」という用語は、先ほどの相続税の計算式にも出てきましたね。

法定相続分とは、民法で定められている各相続人の財産の相続割合をいいますが、この通りに分けなければならないわけではありません。遺産分割協議（相続人全員による協議）で、全員が同意した内容であれば、自由に決められるのです（相続人以外に自由に配分していいという意味ではありません）。

3　各人の相続税額の計算

相続税の総額×各人の課税価格÷課税価格の合計額
＝各相続人等の税額

👆相続税は取得した財産額で按分！

4　各人の納付税額の計算

上記３で計算した各相続人等の税額から各種の税額控除額を差し引いた残りの額が各人の納付税額になります。

※税額控除額には未成年者控除、障害者控除、相次相続控除、配偶者控除などがあります。

※財産を取得した人が被相続人の配偶者、父母、子供以外の者である場合、相続税額にその20％相当額を加算します（孫が代襲相続人の場合は加算する必要はありません）。

【平成27年１月１日以後の場合】相続税の速算表

法定相続分に応ずる取得金額	税率	控除額
1,000万円以下	10％	−
3,000万円以下	15％	50万円
5,000万円以下	20％	200万円
１億円以下	30％	700万円
２億円以下	40％	1,700万円
３億円以下	45％	2,700万円
６億円以下	50％	4,200万円
６億円超	35％	7,200万円

この速算表で計算した法定相続人ごとの税額を合計したものが相続税の総額になります。

●相続税の計算の流れ

相続税の一般的な計算は、次の順序で行います。

1 各人の課税価格の計算

まず、相続や遺贈および相続時精算課税（後述）の適用を受ける贈与によって財産を取得した人ごとに、課税価格を計算します。

※借入金や葬式費用などは差し引きます。

2 相続税の総額の計算

①各相続人の課税価格の合計＝**課税価格の合計額**

②課税価格の合計額－基礎控除額（3,000万円＋600万円×法定相続人の数）＝**課税遺産総額**

（注）・法定相続人の数は、相続の放棄をした人がいても、その放棄がなかったものとします。

・法定相続人のなかに養子がいる場合被相続人に実子がいる場合は、養子のうち１人まで、被相続人に実子がいない場合は、養子のうち２人までを法定相続人に含めます。

③課税遺産総額×**各法定相続人の法定相続分**
＝法定相続分に応ずる各法定相続人の取得金額（千円未満切り捨て）

④法定相続分に応ずる**各法定相続人の取得金額×税率**
＝算出税額

ここがポイント!!　法定相続分をかけた金額で税率が決まります！

⑤**法定相続人ごとの算出税額の合計＝相続税の総額**

〈法定相続分〉

①配偶者と子供が相続人である場合

配偶者2分の1・子供（2人以上の時は全員で）2分の1

②配偶者と直系尊属が相続人である場合

配偶者3分の2・直系尊属（2人以上の時は全員で）3分の1

③配偶者と兄弟姉妹が相続人である場合

配偶者4分の3・兄弟姉妹（2人以上の時は全員で）4分の1

子供、直系尊属、兄弟姉妹がそれぞれ2人以上いる時は、原則として均等に分けます。

〈改正ミニ知識①〉遺留分の算定方法の見直し

遺留分に算入される贈与の範囲が見直されました。

これまで、遺留分の対象となる財産には、相続財産のほか、一定の生前贈与も含まれていました。そのため、相続開始より何十年も前に贈与されていた財産も、遺留分の権利者に取り戻されることもあり、受贈者にとっては不安定な状態でした。

民法の改正により、遺留分に算入される贈与は、「相続開始前10年間の贈与」かつ「特別受益にあたる贈与」に限定されることになりました。特別受益とは、結婚や生活費など相続財産の前渡しとみられる贈与が含まれます。

この改正によって、算入される生前贈与の範囲が限定され、生前贈与がしやすくなりますが、遺留分の侵害を認識していた場合は、これまでと同様に、10年が経過した贈与も算入される点には、気をつけなければなりません。

～遺留分と遺留分侵害額請求とは何か

被相続人は、遺言により相続財産を自由に処分することができます。しかし、それでは遺された家族の生活が脅かされるというケースが出てくることがあります。そこで、相続人の権利を保護するために、遺留分という制度があるのです。

遺留分は、法律の定めにより相続人に保証された最低限の相続分をいい、その割合は次のようになっています。

〈遺留分の割合〉

①直系尊属のみの場合…3分の1

②①以外の場合…2分の1

ここで注意したいことは、兄弟姉妹には遺留分がないという点です。ですから、先ほど19頁で紹介した親族図③のようなケースでは、遺言書を残すことで、妻に全財産を確実に相続させることができるのです。

また、遺留分を侵害されている相続人が、遺留分割合の財産を相続するためには、「遺留分侵害額請求」という手続きをする必要があります。ですので、遺留分を侵害されていても、何も手続きをしなければ、遺言書通りに相続されることになります。

3. 相続税がかかる財産とは

「相続」と「遺贈」はどう違う？

人が亡くなると、その人（被相続人）が所有していた財産は、相続人が引き継ぎます。これを「相続」といいます。

一方「遺贈」とは、相続人以外が「遺言」により被相続人の財産を承継することをいいます。遺贈で財産をもらう人（受遺者）に制限はなく、法定相続人以外の人や団体でも遺贈により財産を受け取ることができます。

◉相続税がかかる財産とは

相続税は原則として、亡くなった人の財産を、相続や遺贈によって取得した場合に、その取得した財産にかかります。この場合の財産には、現金、預貯金、有価証券、宝石、土地、家屋、ゴルフ会員権などのほか、貸付金や特許権、著作権など金銭に見積もることができる経済的価値のあるもの全てが含まれます。

さらに、次の財産も相続税の対象となります。

①相続や遺贈によって取得したものとみなされる財産

死亡退職金、被相続人が保険料を負担していた生命保険契約の死亡保険金など。

②被相続人から死亡前3年以内に、贈与により取得した財産（相続や遺贈で財産を取得した人が対象）

原則として、その財産の贈与された時の価額が相続財産に加算されます。

③相続時精算課税の適用を受けた贈与財産

生前に相続時精算課税の適用を受けた財産は、贈与時の価額が相続財産に加算されます。

相続時精算課税の制度とは

相続時精算課税の制度とは、60歳以上の父母・祖父母から、20歳以上の子・孫に財産を贈与した場合に選択できる贈与税の制度です。この制度により、2500万円までの贈与には贈与税がかからず、2500万円を超える部分に20%の贈与税がかかります。

なお、贈与財産の種類や金額、贈与回数、年数に制限はありません。

相続時精算課税は、贈与税と相続税を通じた課税が行われる制度です。まず贈与時には贈与税で精算をし、将来贈与者が亡くなった時に、贈与財産を含めて相続税を計算し、この相続税と先に支払った贈与税との差額を支払うことになります。つまり、この制度を選択して支払った贈与税は「相続税の前払い」のようなものといえますね。

相続時に、その財産が贈与時より値上がりしている場合は、贈与時の低い価格で計算されるので有利になります。逆に相続時に、贈与時より値下がりしている場合は、贈与時の高い価格で計算されるので不利になります。

また、この制度により贈与した財産は、相続時に「小規模宅地等の特例」（後述）を受けることができないことや、この制度をいったん選択すると、それ以降、その贈与者からの贈与全てについてこの制度が適用されることなど、留意事項が多いため、適用に際しては十分な検討が必要な制度です。

4．対策の第一歩「現状把握」

◉「相続財産の把握」と「相続税の試算」

皆さまは、財産額がどのくらいで、相続税がいくらくらいかかるかを、具体的に試算したことがありますか。

「うちは相続税がかからないだろう」ですとか、「相続税の負担は大きいかもしれない」

●金融資産を把握する

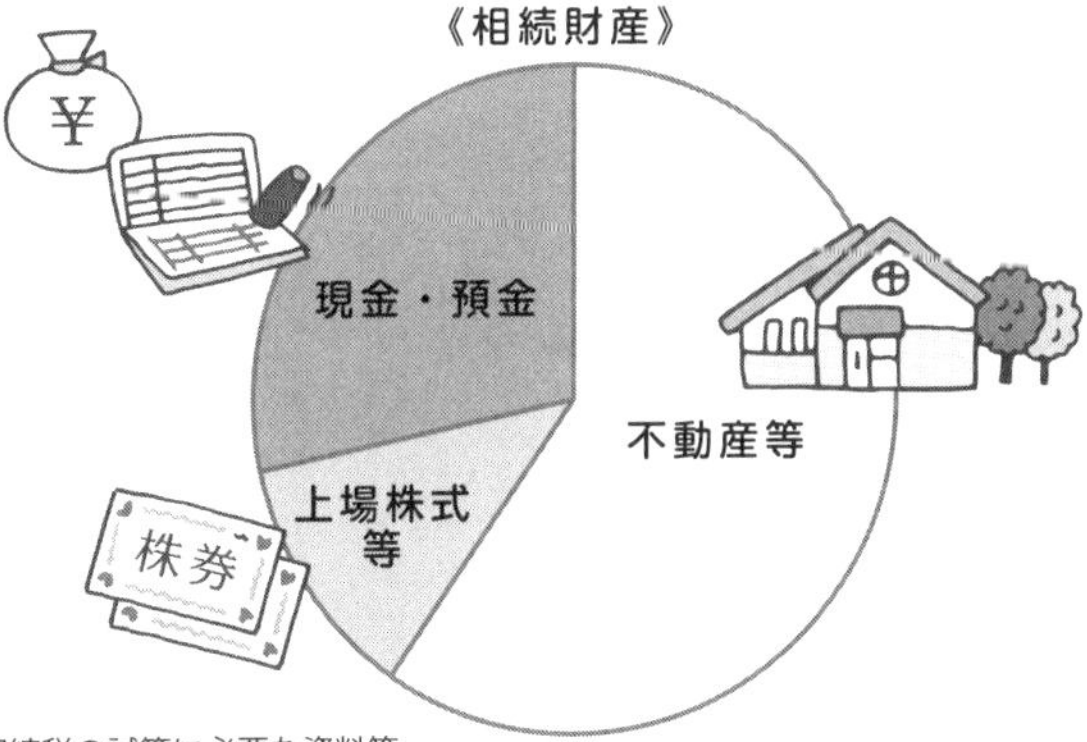

※相続税の試算に必要な資料等…
①金融資産（預貯金、証券会社の残高）の把握 ②固定資産税の課税通知書（+謄本）

など、おおよそのイメージをお持ちかもしれませんね。しかし、ぜひ一度、具体的に計算してもらう機会を設けて頂きたいのです。

例えば「相続税はほとんどかからないだろうから、わざわざ面倒な対策なんてしなくていい」と思っていた方が、試算した結果、20万円近い相続税がかかることが分かったとすると、「それはもったいない、何か対策をしておきたい」と思われるかもしれませんね。

お伝えしたいのは、何となくというイメージだけで終わらせてしまうことのないようにして頂きたいということです。

金額についての価値観は、皆さまそれぞれ異なりますので、税理士が相続税対策をすべきか線引きをするものではなく、皆さまが具体的な数字をご覧になり、そのうえでどうなさるかということです。

相続には、いろいろな対策がありますが、手間と効果を比較して、「その対策は実行する価値があるか」を判断なさるとよろしいかと思います。

まずは2つの情報を持って「個別相談」へ

私も「相続税の試算」のご依頼を頂くことが多いですが、その際にご用意頂きたいものとして、次の2点をお願いしています。

1つ目は、「**金融資産の把握**」です。預貯金がいくらくらいあるのか、また、株式や投資信託などの運用をしている場合には、おおよその残高を把握してきて頂くようお願いしています。

2つ目は、不動産に関する資料として、「固定資産課税明細書」をお持ち頂くようお願いしています。固定資産税のお知らせが、年1回、不動産の所在地の自治体から送られてきますね。その資料をそのまま持ってきて頂きます。最初の段階はこれくらいで十分です。

細かい資料をあれこれ揃えなければならないと、段々面倒になりますね。資料を準備するのが手間で動き出すのが後になるよりも、まずはこの2点だけを確認して相談に行ってみる、ということをお勧めします。

相続にはさまざまな特例などがありますが、ご自身で知り判断なさるのはなかなか難しいのではないかと思います。ですので、まずは相談していいと思える専門家に、ご自身の状況を伝え、簡単なアドバイスや使えそうな特例について聞き、それを持ち帰って実行するかどうかをじっくり考える、という流れが、効率的に相続対策を進めて頂く方法ではないかと思います。

◎不動産はどのように評価されるか

土地や家屋の評価は、課税時期（相続の場合は被相続人の死亡の日）の現況によって判定します。細かい評価方法までご理解頂く必要はありませんが、相続の方向性を決めるために必要な大枠をご説明したいと思います。

相続において、土地は路線価を基に（路線価が定められてない場合は倍率方式）、建物は、固定資産税評価額で評価します。

～土地の評価方法は4つある

実は、土地には4つの価格があると言われています。

1つ目は、「時価」（実勢価格）で、実際に売買される価格です。

2つ目は、「公示地価」といって、国土交通省が発表する毎年1月1日時点の土地の評価額です。鑑定評価や最新の取引事情などが考慮されているので、土地取引価格

●不動産の評価方法

●建物＝固定資産税評価額 ×1.0
●土地＝路線価 × 面積

※土地は、路線価方式のほかに倍率方式で評価する地域があります。

（例）土地の評価額

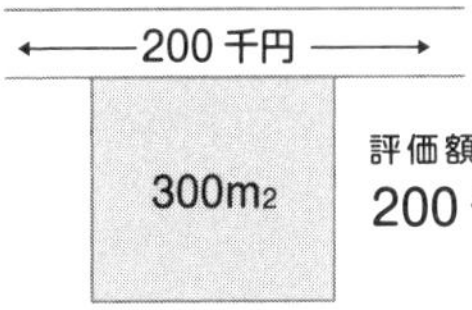

評価額
200千円 ×300m2=6,000万円

※路線価方式の場合、土地の形状等に応じた奥行価格補正率等を乗じて計算しますが、上記においては補正率などは考慮しておりません。

の基準となっています。

3つ目は、「路線価」で、相続税や贈与税の基準となる価格です。道路（路線）に面する宅地1㎡当たりの土地評価額で、毎年1月1日時点の評価額が、7月に国税庁から公表されます。路線価図は国税庁のホームページで閲覧できます。なお、路線価は公示価格の約80％です。

4つ目が、「固定資産税評価額」です。先ほどご説明したように、固定資産税の税額を計算するための基準となる評価額で、3年ごとに評価替えが行われます。

固定資産税評価額は公示価格の約70％と言われています。

これら4つの価格に関し、お客様からよくご質問頂くのが、「遺産分割の話し合いの際、基にするのはどの評価額か」です。

相続税の計算で路線価を用いた土地であっても、遺産分割の話し合いの際にはその評価額を用いなければならないというルールはありません。

よくあるケースですが、相続人のうち、土地を相続する代わりに他の相続人に金銭を支払う立場の方は、土地を低く評価したいと考えるでしょう。逆に、金銭を受け取る側は、土地を高く評価したほうが受け取れる金額が多くなるため、実勢価格を主張する、といったことが起きるのです。

また、税金面で言いますと、土地については相続の際に評価が下がる特例があり、適用要件が詳細に定められているので、個別相談に行かれた際にアドバイスを受けられるといいでしょう。

特例の活用方法などは、第4章で解説します。

第2章

女性が備えるべき「3つの相続」

現在、女性の平均寿命は、男性に比べて約6歳長いそうです。仮にご夫婦の年齢差を3～4歳とした場合、ご主人が亡くなった後、女性はお一人での生活が約10年続くことになります。

女性の立場から「相続」を考えますと、例えばご自身が50代のうちに、親御様の相続のことを考え始め、その後、すこし経ってから夫やご自身の相続のことをお考えになるでしょうか。

この「親」「夫（配偶者）」「自分」という3つの相続に関し多く頂くご相談内容と、またそれに対する私の考えをご紹介しましょう。

1.「親」の相続

まず、「親」の相続について考えてみましょう。

親御様が健在な時点でよく頂くご質問には、次のようなものがあります。

●「親」の相続でよくある質問は…

1 親に相続の話がしにくい…。どうしたらいいの？

2 親と別居していて財産について何も聞かされていない…。

3 親に遺言を書いてもらうべき？

4 もしもの時にはだれに相談したらいいの？

①『親に相続の話がしにくい…。どうしたらいいの？』

相続の話をすると、「縁起でもない」「財産を狙っているのか」などと親に誤解され、不快な思いをさせるのではないか、と心配される方が多いですね。

～親御様にとって誰が適任かを見極める

当然ですが、子供がいくら心配していても、親の相続対策を子供だけですることはできません。ですから、対策の前にすべきこととは、親御様がストレスなく「相続」の話を聞ける相手を見極めることなのです。それは配偶者やお子様でもいいですし、少し広げて、親族関係のない第三者、専門家も含めて考えてみるのもいいでしょう。

～第三者を上手に使うこととは

私は「親に相続の話がしにくい」とおっしゃるお子様には「第三者を上手に使う」ことをご提案します。親御様にとって、実の子供から言われると過剰に反応してしまうことや、聞かれたくない具体的な財産額などであっても、第三者なら冷静に話すことができるかもしれません。

例えば、金融機関の担当者、保険や不動産関係の方、税理士、司法書士、弁護士の先生など、相続に詳しい方を親御様に紹介してみるということです。

相続に詳しく親御様が話しやすい人にまずは会ってもらう場を設けるということです。それは長時間の面談である必要はなく、極端なことを言えば、たった1分の挨拶でも構いません。まずは顔を合わせることがスタートです。この人選が最も重要で、間違うと二度と相続の話が出せなくなるという可能性もありますので、慎重に行わなければなりません。

～最初のハードルは低くする

最初はできるだけハードルを低くすることが重要です。前でも触れましたが、まずは挨拶だけでもいいので、親御様が相談相手となる候補者と顔を合わせる機会をつくるということを優先します。

実際にお会いすると、「あ、この人なら相談してもいいかな」ですとか、少し時間が経ってからでも、「次はちょっとお話を聞いてみようかな」などと進み出すケースがあります。相手の顔が見えないと不安を抱いたり、短い時間でも顔を合わせると安心できたりしますよね。

②『親と別居していて財産についてては何も聞かされていないけれど』

親の財産について何も聞かされていない、という方は多いのではないでしょうか。

子供から親に「何の財産がいくらあるのか」など、当然とても聞きにくいものですね。

別居していて何も把握していないまま、突然相続が起きてしまうと、引き出しの中や、通帳、郵便物などを探るほか手段がなく、とても大変な作業になります。

このような場合、どうにか財産内容を聞き出そうとするのではなく、特定の第三者を決め、万が一の時にはその人に聞けば概要が分かるようにしておいてもらう、という選択肢もあるでしょう。

先ほどもお伝えしましたが、親御様が信頼し話せる第三者がいる状態であれば、将来相続が発生した時の負担は大幅に軽減できるでしょう。ただ、相性もあることですので、慎重に選ぶようにしましょう。

③『親には遺言を書いてもらうべき？』

私は、親御様には遺言書を書いておいてもらうべきだと思います。

兄弟姉妹の仲が良好でも、親の相続において、財産の分け方を一から話し合わなければならないとなると大きな負担がかかるでしょう。

「突然親に遺言書の話など言い出せない」という方は、財産を残してほしいということではなく、どうしてほしいか決めておいてくれればその意向に沿いたいと思っている、というお気持ちを、親御様にお伝えすると良いでしょう。

2.「配偶者(夫)」の相続

続いて、2つ目の「夫からの相続」について考えてみましょう。

①『財産の管理は全て夫任せなので、もしもの時が不安』

この点は、先ほどの「親の相続」と重なる部分です。親子であっても夫婦であっても、財産の詳細は聞かされてないという方は多くいらっしゃいます。

ご主人に財産の詳細は聞きにくいと思いますので、親御様の場合と同様、「万が一

●「夫」の相続でよくある質問は…

1 財産の管理は全て夫任せなので、もしもの時が不安

2 預金は私名義の口座に移しておいたほうがいいの？

3 夫が亡くなった時、財産をどう分けたらいいの？

4 子供がいないけれど、何かしておくべき？

の時にはこの人に聞けば分かるようにしてある」という状態を作ってもらうのがいいでしょう。

「具体的にどのような話し方をすればいいでしょうか」というご相談も頂きますが、ご主人に対し「ご主人の相続の話」とすると不快な気持ちにさせてしまうかもしれません。ですので、例えば、「私たち（夫婦）の相続の話」として切り出すのがいいかもしれませんね。

「私たちに万が一のことがあった時、子供達が困らないようにしておきたい」といった話からスタートなさったほうが、ご主人も気分を害されず、スムーズに話が進み出

すかもしれません。

私のお客様で、ご主人が全ての財産管理をなさっていて、奥様はほとんど聞かされていないというご夫婦がいらっしゃいました。

ご主人は生前に、万が一の時のことを私に相談、依頼してくださっており、奥様とも年に数回お会いしておりました。奥様からご主人が亡くなられたことをお聞きし、遺言の執行と、相続税の申告手続きを行いました。

ご主人の財産内容だけでなく、奥様への感謝のお気持ちなど、ご主人からお聞きしていたお話を奥様にお伝えしました。

②『預金は私名義の口座に移しておいたほうがいいの？』

奥様名義の口座に預金があること自体は何も問題ありません。論点は、その預金がどのように貯蓄されたかなのです。

～妻名義の預金を税務署はどう見るか

ご主人が亡くなられた時、税務署は誰の口座をチェックするのでしょうか。

税務署は、亡くなられたご主人だけでなく、奥様やお子様の口座もチェックするのです。

税務調査の際「奥様の預金○○○万円ですが、過去にお勤めされていた時期があったのでしょうか？」と尋ねられ、「生活費で節約したものを貯めました」などと回答したとします。節約したものを貯めるということの是非を論じたいのではなく、税務署がどのような見解を示すかということです。

生活費を節約して貯めた奥様の口座の預金も、ご主人の財産と解釈されるでしょう。

「妻」名義の口座にある預金であっても、実際は「夫」の預金と解釈されるものを「名義預金」といいます。先ほどのように、奥様がコツコツと生活費を節約して貯めた奥様名義の「へそくり」も、名義預金と解釈され、ご主人の相続財産に含められるケースが多いのです。もちろん、奥様がご自身で働いて貯めた奥様名義の預金や、奥様がご自分の親から相続した預金は、名義預金には該当しません。

違和感があると思いますが、たとえご夫婦であっても、預金を移す場合には「贈与」になります。

～贈与契約書を作ることの意義

「贈与」は、あげる人（贈与者）が「あげます」と意思表示をし、もらう人（受贈者）が「もらいます」と意思表示をすることで成立します。

法律上は、贈与は口頭でも成立しますから、贈与契約書を作成することが必須要件ではありません。しかし、預貯金の移動が「贈与」であることを明確にするためには、「贈与契約書」を作成されることをお勧めします。金額や日付、署名があり、捺印があるといいでしょう。

③『夫が亡くなった時、財産をどう分けたらいいの？』

プロローグでもお伝えしましたが、ご家族全体として相続税が最も少なくなる分け

●贈与契約書の例

贈与契約書

第１条（贈与契約の成立）

贈与者 ●●　●●は、受贈者●●　●●に対し、第２条記載の財産を贈与することを約し、受贈者はこれを受諾した。

第２条（贈与する財産）

贈与者が受贈者に対して贈与する財産は、現金●●●円とする。

２　贈与者は、前項の贈与対象である現金を、本契約締結後、速やかに受贈者の指定する口座に振り込むこととする。

以上のとおり契約したので、本書１通を作成し、贈与者及び受贈者がこれに署名押印の上、受贈者が原本を、贈与者がその写し（複写機によるコピー）を所持するものとする。

以上

2019年●月●日

贈与者：●●　●●（●年●月●日生）

住　所 ....

氏　名 .... ㊞

受贈者：●●　●●（●年●月●日生）

住　所 ....

氏　名 .... ㊞

方にするためには、ご主人の相続（一次相続）の際に配偶者控除があるからといって、妻（配偶者）に財産を寄せ過ぎないことです。将来の妻の相続（二次相続）の時の税金（子供達が支払う税金）が高くなってしまうかもしれないから、という理由でしたね。

きちんとシミュレーションをしなければ正しい回答は出ませんが、一次相続だけでなく、二次相続も合わせて考えましょう、ということがポイントでした。

配偶者控除（配偶者の税額軽減）とは、配偶者だけが受けられる特別な控除です。1億6000万円か、配偶者の法定相続分のいずれか高い金額までは相続税がかかりません。

そもそも財産の形成に配偶者が寄与していること、また残された配偶者の生活保障などを、税制面で配慮しているのです。

～「妻」の不安をなくす分割内容に

ご主人が亡くなられた後も、女性は生きていかなければなりません。その時、収入がない、財産が足りるのだろうか…という状態ではとても不安です。施設に入るにも費用がかかりますし、そもそもお金がいくらあれば安心していいのか、誰しも明確には分かりません。

そういったお金に関する不安があるのならば、ご主人の相続の際はいったん配偶者である妻が全て相続する。もしも二次相続、つまりご自分が亡くなった時の子供達の税金が高くなることを避けたければ、夫から相続した財産を、その後、子供や孫に生前贈与していく。そのような形で税金対策をされるほうが、不安要素を減らすことができるでしょう。

私がご相談をお受けしたお客様の事例をご紹介しましょう。ご主人が亡くなられた時、奥様は60代前半とまだお若かったのですが、ご主人が最期に、「財産」のうち1000万円ずつ子供達に渡してやってほしい、と言われていたそうです。お子様が3人いるご家族でしたが、奥様から「主人にそう言われたのですが、どうしたらいいですか」というご相談でした。

私は、おそらくご主人は、奥様が今後の金銭的な不安を感じてまで、財産をお子様に渡してほしいとは思っていなかったでしょうということ、また、奥様はまだお若いのでこれからお金が必要になることが想定されるという2点をお伝えし、奥様がいったん財産を相続なさるのはいかがでしょうかと提案しました。そして、ご主人の遺されたお言葉を考慮するために、例えば、1年に100万円ずつなどに分けて、贈与をしていかれてはいかがでしょうか、とお話ししました。

残された女性はこれから自分があと何年生きるか分かりませんし、ご自身が必要な金額も分からない段階で、子供にまとまった金額を渡してしまうと不安が残りますよね。ですので、いったんはご自分が財産を受け取り、状況を見ながら効率的に渡していく、というのも選択肢の一つだと思います。

〈配偶者居住権と配偶者の生活保障〉

民法の改正により、「配偶者居住権」が創設されました（改正ミニ知識②参照）。これは、たとえ相続で家の所有権が他者に渡っても、配偶者はそのまま住み続けられるという権利です。

この改正により、配偶者の住む場所は守られますが、その後の配偶者の生活に必要な金融資産が全て保障されるわけではありません。

生前にご主人が、「預金は妻に渡す」とおっしゃっていても、いざ相続が発生した時に、お子様達から「法定相続分をもらいたい」と言われてしまうと、渡してあげざるを得なくなるでしょう。そういった不安を残したくないということでしたら、ご主人から、きちんと財産を受け取れるように準備をしておくべきなのです。

相続の時になって「子供達がそんなことを言ってくると思わなかった…」という事態は避けたいですね。

④『子供がいないけれど、何かしておくべき?』

第1章の18頁でも触れましたが、お子様がいらっしゃらない場合、ご主人の兄弟姉妹も相続人になる可能性があります（ご主人の親御様方が亡くなられているケースで

〈改正ミニ知識②〉配偶者居住権の創設

相続が発生して遺された配偶者は、自宅の所有権が他の相続人や第三者に渡った場合でも、そのまま住み続けられる権利「配偶者居住権」が創設されました。

自宅以外の相続財産が少ないと、配偶者は自宅の全てを取得できず、これまで住んでいた自宅に住み続けられないケースがありました。また、自宅を相続したことにより、その後の生活資金に充てる預貯金を十分に相続できない、といった事態もありました。

そこで、残された配偶者が、所有権を持たなくても、それまでと同様に自宅に住み続けることを保障し、生活費も確保しやすくなるよう配慮した制度で、２０２０年４月１日以後の相続等から適用されます。

例えば、「配偶者にはそのまま自宅に住み続けてもらい、生活資金もなるべく相続させてあげたい」というお考えの場合に有効でしょう。

過去に一度、遺言で分割案を決めた方も、民法の改正を踏まえて見直しをすることをお勧めします。

す)。ですから、万が一の時に備えて、ご主人には遺言書を書いてもらうことが重要です。

「妻に全部」と書いてもらえれば最も安心ですね。繰り返しになりますが、兄弟姉妹には遺留分がありませんので、遺言書にそのように明記されていれば、ご兄弟が財産を主張されたとしても、法的な権利はないのです。

遺言書がないまま相続が起きてしまうと、ご主人の兄弟姉妹と奥様とで財産の分け方を話し合わなければなりません。もしもご自宅がご主人の兄弟と共有になれば一層面倒です。「配偶者居住権」で住む場所は守られますが名義は異なる、という状況になります。

ご主人が兄弟姉妹に財産を渡すかどうかまだ決めていない、という場合でも、奥様の立場からすると、ひとまず「妻に全部」という内容で遺言書を作成し、その後ゆっくり考えて、将来必要があれば遺言書を書き換える、という進め方にしてもらうと、最悪のケースは避けられますね。

子供がいても遺言書は妻を守る

直前でご紹介したお子様がいらっしゃらないケースでは、遺言書が「妻を守る」というニュアンスでご紹介しましたが、お子様がいらっしゃる場合でも同様の役割を果たすことがあります。

実際にあった事例をご紹介しましょう。

そのお客様はご夫婦で相談にみえたのですが、ご主人がいらっしゃる前で奥様がおっしゃることと、奥様だけとお会いした時にお聞きする話には、異なる部分がありました。

こういったことはよくあるのですが、奥様は、ご主人の前で言いにくい不安を抱えていたのです。ご主人が亡くなった後も、自分は生きていかなければならないということを考えると、子供や子供の配偶者との関係が将来どのように変化するか分からないという点などについても、漠然とした不安を抱えている方が多いのです。「もっとこんな対策をしてほしいのに、主人は分かっていない…」などというお話が出ることがよくあります。

そのご夫婦のケースでは、奥様と私で数回打ち合わせを重ねたうえで、ご主人に対して、「子供達は何も言わないと思っていても、あなたが亡くなった時、私は年を取って弱い立場になっているでしょう。『遺言』という形にしておいてもらうことが、気持ちの面でとても重要な安心材料になる」ということをお話ししました。奥様自身が話すか、第三者である私が話すべきかは、ケースにより変わるかと思います。

少し論点がずれますが、遺言書は、ご夫婦同じタイミングで作成することをお勧めしています。必ずしもご主人が先に亡くなるというわけではなく、逆のケース（奥様が先ということ）も考えられます。

順序が逆になった場合でも、その遺言書が無効にならないように、ご主人が先の場合と、奥様が先の場合について、一つの遺言書に内容を盛り込んでおきます。「自分の遺言書は夫が亡くなってから書くわ」とおっしゃる方も多いのですが、ご主人が亡くなられた時、ご高齢になられた奥様が遺言書を作成するのは、さっととても大変でしょう。ご主人の相続対策として動く際に、合わせてご自分の相続についてもできることは済ませておくようにしましょう。

3.「自分」の相続

最後に、3つ目「ご自分（奥様自身）の相続」についてお話ししていきましょう。お客様からよく聞かれるお声には、次のようなものがあります。

①『ほとんどの財産は主人のものだから、私が死んだ時の心配はないわ』

ご夫婦とも健在で、預金や不動産のほとんどがご主人の名義になっている、というご夫婦も多いかもしれません。このような場合に、ご自分の相続に関する対策は必要

●「自分」の相続でよくある質問は…

1 ほとんどの財産は主人のものだから、私が死んだ時の心配はないわ

2 相続税対策で、子供達の口座に毎年少しずつ振り込んでいる

3 独身だけど、何かしておくべきことはあるかしら？

4 将来、私が認知症になったらどうなるのかしら？

ないと思われている奥様が多いのではないでしょうか。

将来、先にご主人が亡くなられた場合、奥様はご主人から相続を受け、その後、ご自身の相続時にお子様へ財産が渡ることになります。お子様たちにどのように財産を分けるのかを、早い段階で遺言書という形にしておく必要があるのです。

繰り返しになりますが、相続は、ご夫婦が健在な間に、1人目の相続（一次相続）と2人目の相続（二次相続）、この2つを合わせて全体で考えていく、ということが

ポイントです。

もちろん、社会環境や家族状況は変わりますので、将来についての確定的な答えは出せませんが、それでも可能な範囲で検討しておく必要があるのです。

②『相続税対策で、子供達の口座に毎年少しずつ振り込んでいる』

これは、先ほどお話しした「妻の口座にお金を振り込んでいる」ケースと同じです。配偶者であっても、子供や孫であっても、お金を振り込んでいるだけでは、その振り込んだ相手の預金とは判断されないのです。

ですから、お子様やお孫様に贈与をなさりたい場合は、きちんとした贈与の手続きをすることが重要ですね（具体的な手続きは、第4章で説明します）。

③『独身だけど、何かしておくべきことはあるかしら？』

独身の方の場合、特に次の2つの点を考えて頂くとよろしいかと思います。

まずは、ご自分の相続時、誰にどのように財産を引き継いでもらうかを決めておくことです。そしてもう一つ大切なのは、ご自身の「老後のこと」です。

～財産は老後の面倒を見てくれる人に渡す

独身の方の相続では、お子様がいなければ、ご自身の兄弟姉妹や甥姪が相続人になる可能性がありますね。その場合、ご自分の老後やお墓のことを考え、面倒を見てくれる方がいらっしゃる場合は、その方に財産を渡す内容の遺言を書かれるとよろしいかもしれません。その方に、遺言書により最終的に残った財産が渡るように指定しておきつつ、生前から少しずつ贈与をするなどして、関係性を維持していくという方も多いですね。

兄弟姉妹もいないという方は、ご自身の希望する団体などに寄付する、という遺言書を作るケースもあります。ちなみに、相続人がいない場合の財産は、最終的に国庫に帰属すると定められています。

こんなケースがありました。お子様のいない70代のご夫婦で、そのご主人には甥と姪がいらっしゃいました。そのお二人がご夫婦の面倒を見ていくことになっていたので、ご夫婦は自分たちの財産が、最終的にその甥姪に渡るように遺言書を作成しました。

さらに、その遺言書の通りにした場合の甥姪にかかる相続税を試算したところ、とても高額になることが分かったので、相続税に充てるための資金として、生前から金融資産を少しずつ贈与することにしたのです。

このケースでは、甥御様も姪御様も、ご夫婦の意向を理解なさっていましたが、そもそも、財産はいらない、わずらわしいのは嫌だ、と拒否されるケースもございます。ですので、しっかり意思疎通をしておくことが大切ですね。

④『将来、自分が認知症になったらどうなるのかしら?』

「将来、自分が認知症になったら…」というご相談を頂くことがあります。将来のそのようなリスクに備えるために、「もし自分がそういう状態になった場合には、こうしてほしい」と、ご自身の要望を事前に決めておくことができます。これにはいくつかの方法がありますが、「任意後見制度」もその一つです。

独身でご親族がいない方や、兄弟や甥姪にはあまり面倒はかけたくない、また、お子様がいらっしゃっても、子供には老後も迷惑をかけたくない、という方もいらっしゃいます。

任意後見制度は、ご自身の財産やお身体のこと、価値観などを理解してもらったうえで、将来判断能力が不十分になった場合の財産管理や入居施設のことなど、具体的な希望を、ご自身が元気なうちに決めて結ぶ契約です。

このように、「自分」の相続では、相続時の分割や相続税に関する事柄だけでなく、「自分の老後を守る」という最も重要な点について考えなければならないのです。

〈家族信託の仕組みと活用のポイント〉

高齢社会の財産管理については、前述した任意後見制度のほかに、信頼できる家族や親族に財産管理を託す「家族信託」という仕組みがありますので、簡単にご紹介しましょう。

高齢になった時の資産管理には、大きく2つのリスクがあります。

一つは、認知症などによる判断能力の低下により、本人やその家族が資産を自由に動かせなくなるリスクです。例えば、高齢のお父様の介護のために資金が必要でも、本人の意思が確認できなければ、預貯金の引出しはできません。

もう一つは、「長生きのリスク」です。医学の進歩により、長生きする人が増えています。健康で長く生きられることは幸せである半面、老後の生活や介護の面での不安は残ります。ですから、元気なうちに、自身の意思を引き継いでサポートしてくれる体制を作っておきたいと思うものです。

家族信託はどういう仕組みか

例えば、高齢のお父様がいらしたとします。ご自身の財産の管理や処分を、信頼できる家族などに任せたいと思っています。このお父様が「委託者」になります。

そして契約によって財産の管理・処分を託される人を「受託者」といい、家族信託では、家族や親族になります。お子様を受託者として考えましょう。お子様は、お父様の意思に沿って、「受益者」のために財産を管理します。受益者は一次受益者、二次受益者を規定することができます。一次受益者をお父様、二次受益者をお母様としましょう。

受託者であるお子様がお父様に代わって財産管理をするので、お父様の判断能力が低下しても、引き続きお子様は財産管理をすることができます。委託者でもあり受益者であるお父様が亡くなった場合、受託者であるお子様は、契約で指定した次の受益者（二次受益者）であるお母様のために財産管理を継続することになるのです。

家族信託はどうやって活用するのか

「自分が死んだら妻に全財産を相続させるが、妻が死んだら残った資産のうち自宅を長男に、自宅以外の財産を長女に承継させる」という遺言は、民法上無効なのですが、信託の仕組みを使うことで、二次相続以降の資産の承継先を指定することが可能になります。

このように家族信託を活用することで、遺言や成年後見制度にはない相続対策や、柔軟な財産管理をすることができます。

例えば、任意後見制度や法定後見制度で後見人が選定されても、後見人の主な目的は、資産を減らさないようにすることですが、家族信託では、不動産の処分などの契約行為も行うことができます（被後見人にとって必要な場合、後見人による売却は可）。

また、遺言では自分の相続時のことを指定するのみですが、この家族信託の受益者は30年以上先まで効力を発揮します。つまり、二次相続、三次相続…と指定できるので、被相続人の将来への意思を反映させやすいというメリットがあります。

ただし、遺留分制度の範囲を超えて信託契約の有効性は認められないとの判決が東京地方裁判所にて平成30年9月に出ていますので、信託契約書の作成には留意することが必要です。

＊参考図書『相続・認知症で困らない 家族信託まるわかり読本』宮田浩志著
近代セールス社

第3章

遺産分割のきほん

1. 財産の分け方は生前に決める

◉お子様の負担軽減のために遺言を活用する

財産の分け方は、既に決めていらっしゃいますか。

相続人が複数人いる場合には、資産を遺す側の立場である親御様が決めておかれたほうが、お子様達の負担は圧倒的に軽減できるのではないかと思います。

「子供達が自由に決めればいい」とおっしゃる親御様もいらっしゃいます。そうすると、兄弟間で「家は譲るから、僕にお金を○○万円支払ってくれないか」などといったデリケートなお金の話をしなければなりません。これは、実の兄弟間でも、とてもストレスになることだと思います。

また、ここで重要なのは、ただ分け方を決めるのではなく、遺言書という形にすることです。口頭で約束する、言い聞かせておくだけでは、将来相続が起きた時、相続人の主張が変わり、トラブルになるかもしれないリスクが残ったままです。遺言書により法的に決めるところまでぜひなさって頂きたいのです。

遺言書とはどういうものか

遺言とは、ご自分が築いてきたご資産を、死後誰にどう引き継ぐかなど、遺言者の意思を示すものです。

遺言書には、どの財産を誰に渡すかなどを記載しますが、なぜそのような分け方にしたのかという理由や、ご家族への感謝の気持ちなどを、「付言」として書くこともできます。

実際にあった話ですが、長女、長男へ、偏った分割内容の遺言書を作成された女性が、「付言」にこのように記載しました。

「2人へ渡る財産には少々差がありますが、これは、長女が生前献身的に介護をしてくれたことに対する感謝の気持ちです。2人には理解してもらえると嬉しく思います。どうかこれからも、互いに助け合いながら過ごしていってください」

この文章をご覧になったご長男は、「母の気持ちを大事にしたい」とおっしゃり、トラブルは起きませんでした。

◉財産の分け方で相続税が変わってくる

皆さまは、財産の分け方により、相続税がどの程度変わるかを確認なさったことがありますか。

相続税は、財産の分け方や特例の適用の有無などにより変わります。例えば、同じ自宅の土地であっても、どなたが相続されるかにより評価額が変わることがあるのです。

ですので、財産の分け方をお考えになる際、どなたに相続させると有利な特例が適用できるのか、また、それにより税額がどのくらい変わるかを理解したうえで決められるといいでしょう。

2. 遺言書のポイント

年々増加する作成件数

次頁の資料は、遺言公正証書の作成件数の推移です。遺言書というと少々ハードルが高く感じられるかもしれませんが、作成件数は年々増加していることが分かります。私自身もお客様から遺言に関するご相談を頂く機会が増えているのを感じます。ここで、私がよくお受けする遺言に関する相談をご紹介します。

①『今後状況が変わるから、遺言書はまだ作れない』

遺言書は、作成する時期がとても重要です。ご高齢になり、判断能力が低下してくると作成できないことがあるのです。

●遺言公正証書作成件数の推移

暦　年	遺言公正証書作成件数
平成20年	76,436
平成21年	77,878
平成22年	81,984
平成23年	78,754
平成24年	88,156
平成25年	96,020
平成26年	104,490
平成27年	110,778
平成28年	105,350
平成29年	110,191

出所：日本公証人連合会

遺言書を作成する時点で「遺言する能力」がなければならないと、民法で定められています。ですから、遺言書を作成する方（遺言者）が、認知症になっていたり、判断能力が低下している場合には、ご本人の意思が明確でないという理由から、公証役場から作成を断られてしまう可能性があります。

もし、ご判断能力に若干の不安があるということでしたら、普段診てもらっている医師に相談し、問題がなければ「遺言する能力がある」旨を記載した診断書を作成して頂くと良いでしょう。

診断書に決められたフォームがあるわけ

●遺言に関するお客様からの相談は…

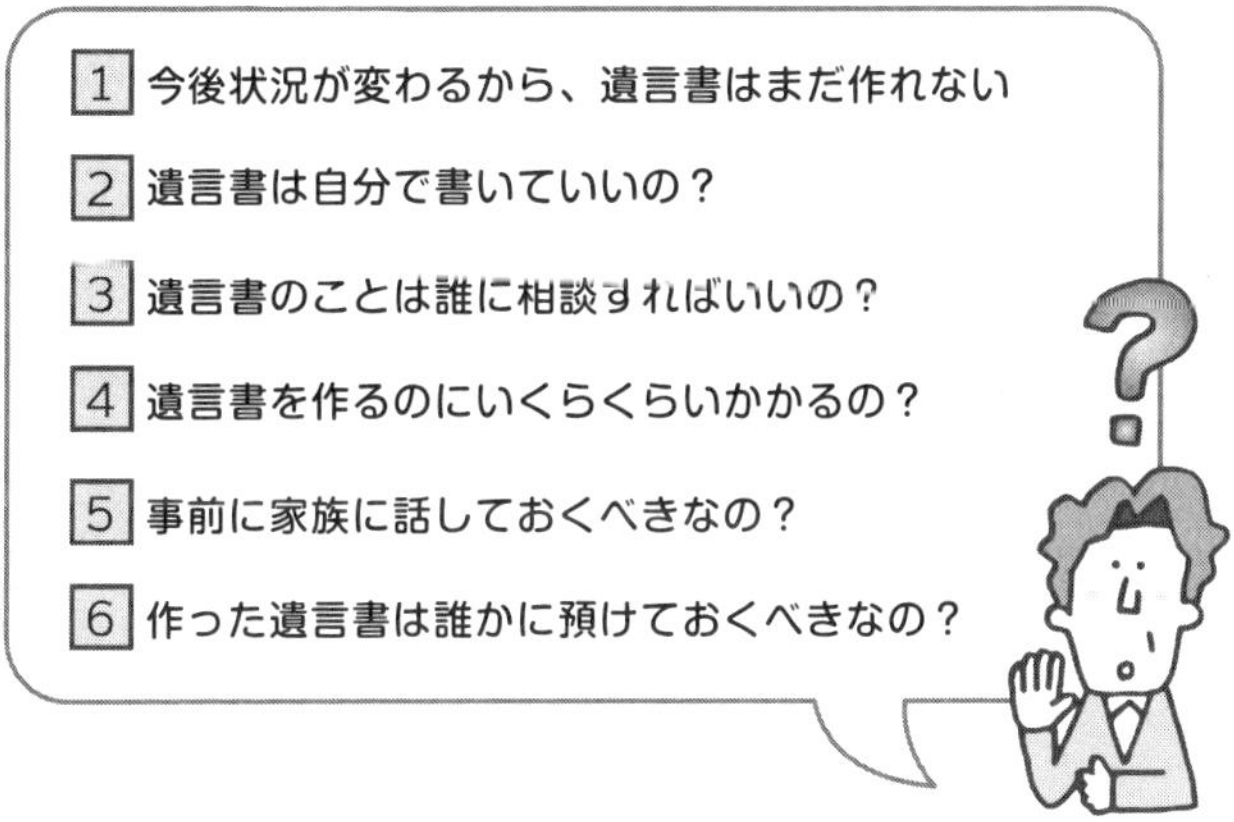
1 今後状況が変わるから、遺言書はまだ作れない
2 遺言書は自分で書いていいの？
3 遺言書のことは誰に相談すればいいの？
4 遺言書を作るのにいくらくらいかかるの？
5 事前に家族に話しておくべきなの？
6 作った遺言書は誰かに預けておくべきなの？

ではありませんが、私のお客様の中には、かかりつけの医師に「財産の処分、管理等について意思判断できる状態にある」と書面にして頂き、その日付から近いうちに遺言書を作成したという方がいました。

②『遺言書は自分で書いていいの？』

遺言書には、「自筆証書遺言」「公正証書遺言」「秘密証書遺言」という3つの方法がありますが、皆さまが遺言書を作成する場合には、公正証書の遺言をお勧めします。

自筆証書遺言は手軽に作成できますが、私がご相談をお受けしてきた中では、トラ

●自筆証書遺言と公正証書遺言の特徴

	自筆証書遺言	公正証書遺言
概要	原則、全文、日付、氏名を本人自身が書く（財産目録：パソコンでの作成が可能に）	公証役場で、証人２人以上の前で遺言の内容を述べ、公証人が遺言書を作成
メリット	○手軽に作成できる ○費用がかからない	○遺言書の原本が公証役場に保管されるため、紛失・隠ぺいなどの心配がない ○家庭裁判所の検認が不要 ○相続発生後の相続人の負担が少ない ○字が書けなくても作成可能
デメリット	×有効・無効で争いになるケースが多い ×紛失・隠ぺい、偽造などの心配がある（法務局での保管制度） ×開封時に家庭裁判所の検認が必要（法務局保管の場合は不要）	×２人以上の証人が必要 ×公証人に対する費用がかかる

ブルになっているケースがとても多いように感じます。

「遺言書を作ったのですが…」と相談に来られて、内容を拝見すると、作成し直したほうがいいというケースもありました。

遺言書を作成したにも関わらずトラブルになってしまっては意味がありませんね。最初にしっかりしたものを作り、将来の相続まで定期的に見直しをしていくことが重要です。

③『遺言のことは誰に相談すればいいの？』

遺言書の相談窓口は、どこでなければいい

●遺言書の例

●年第●号

遺言公正証書

本公証人は、●年●月●日、遺言者・●●●●の嘱託により後記証人２名立会の下に、遺言者の口授を筆記して、この証書を作成する。

第１条（妻への相続）

遺言者は、遺言者の有する次の財産を、遺言者の妻・●●●●（●年●月●生。以下「妻●●」という。）に相続させる。

（１）不動産

①土地

所在　●●●●

地番　●番●

地目　宅地

地積　200．24㎡

②建物

所在　　　●●●●

家屋番号　●番●

種類　　　居宅

構造　　　木造２階建

床面積　　１階　95．24㎡

　　　　　２階　92．05㎡

（２）金融資産

次の金融機関等に預託中の預貯金、投資信託、公社債、有価証券等の預託財産

①●●銀行　●●支店

a．普通預金（口座番号●●●●●）

b．定期預金（口座番号●●●●●）

c．その他一切の取引

②●●銀行　●●支店

a．普通預金（口座番号●●●●●）

b．その他一切の取引

（３）その他の財産

上記（１）（２）の財産を除き、遺言者が相続開始時に有する一切の財産

第２条（予備的遺言１）

遺言者は、妻●●が遺言者死亡以前に死亡したときは、第１条記載の財産（妻●●から相続したものを含む。）を遺言者の長男●●（●年●月●日生）に相続させる。

第３条（遺言執行者）

1　遺言者は、本遺言の遺言執行者として次の者を指定する。
●●　●●

2　遺言者は、上記遺言執行者に対し、遺言者名義の不動産及び金融財産等の名義変更、払戻し及び解約など、本遺言を実現するために必要な一切の権限を付与する。なお、遺言執行者が、任務遂行に関して必要と認めたときは、第三者にその任務を行わせることができる。

3　遺言者は、同条に指定する遺言執行者の報酬を、金●●円（税別）とする。

以上

本旨外要件

東京都●●●●
会社員
遺言者　　　●●　●●
●年●月●日生

上記の者は、印鑑登録証明書の提出により人違いでないことを証明させた。

東京都●●●●
証　人　　　●●　●●
●年●月●日生

東京都●●●●
証　人　　　●●　●●
●年●月●日生

この遺言公正証書は、民法第969条第１号ないし第４号所定の方式に従って作成し、同条第５号に基づき本公証人その旨を付記する。

けないということはありません。ご自分が相談なさりたい論点により選ばれるといいと思います。

例えば、日頃からお付き合いがある信託銀行さんがいらっしゃれば、そちらに相談なさるのもいいでしょう。また、将来もめそうな心配事があるのでしたら弁護士、税金のことを相談しながら決めたいということでしたら税理士が適任でしょう。司法書士、行政書士の先生の中にも、遺言の相談を受けている方がいらっしゃいます。

いずれにしても、相続の実務経験が多い方の中から、遺言者ご本人が話しやすい方を選ばれることをお勧めします。

④『遺言書を作るのに、費用はいくらかかるの？』

遺言書の作成においては、「相談窓口に払う費用」と「公証役場に払う費用」があります。

1つ目の「相談窓口に払う費用」は、相談先により異なりますので一概に言えませんが、30万円以内で受けている方が多いのではないでしょうか。

おそらく皆さまの中には、費用感が分からず不安だという方が多いでしょうから、最初の段階で「何をしてくれて」「いくらなのか」を聞き、しっかり確認しておかれると良いでしょう。

2つ目の「公証役場に払う費用」は、財産の合計額や分け方などにより変わります。私がご相談をお受けしているお客様の例ですと、8～15万円ほどになる方が多いという印象です。

この2つ目の費用は、公証役場から事前に見積り額を聞き、作成日当日に現金で支払う形が多いでしょう。

なお、公証人に出張費を支払えば、ご自宅や入居されている施設、病院などに来てもらって遺言書を作成してもらうことも可能です。

⑤『事前に家族に話しておくべき？』

遺言書の作成段階において、ご家族に相談しながら進めるべきかどうか、迷われるところかもしれません。

ケースバイケースですが、私の個人的な考えでは、遺言の内容を決めていく段階においては、あまり相続人の方達に意見を求めないほうが良いのではないかと思っています。なぜなら、相続人の方達の意見を聞き始めると、まだ相続が起きてもいないにも関わらず、主張が食い違い、トラブルになってしまったケースを見てきたからです。

相続人の意思を過度に気にし過ぎず、遺言者であるご本人の気持ち、考えを基に作成なさってはいかがでしょうか。

ただし、遺言書が完成した後は、遺言書の存在をどなたかに伝えておかなければなりません。誰にも遺言書の存在を告げていないと、いざ相続が起きた時に、せっかく作成した遺言書の存在が明らかにならない可能性があるからです。

遺言書を作成したことのみをご家族に伝えておくか、もし遺言書の存在自体をご家族に事前に伝えたくないということでしたら、「万一の場合には、○○さんに頼んであるから、連絡するように」と、遺言執行者のような「つなぎ役」となる人を決め、その方の連絡先をご家族に伝えておかれると良いでしょう。

～遺言執行者とは

遺言の内容を実現させるために必要な手続き等を行う人を「遺言執行者」といいます。遺言執行者は遺言書の中で指定できます。遺言執行者は相続人でもいいですし、信託銀行や弁護士、司法書士、税理士などの専門家を選任することもできます。

相続の手続きでは、多数の書類取得や金融機関での手続きなど、手間や時間がかかることが多いので、相続人の方がお勤めをされていたりご高齢な場合などは、外部の専門家に任せてしまったほうが精神的な負担感が軽減できるかもしれませんね。

⑥『作った遺言書は、誰かに預けておくべき？』

公正証書の遺言書は、「原本」「正本」「謄本」を作成します。原本は公証役場で保管され、正本と謄本の2部が交付されます。

謄本をご自身のお手元に保管し、正本は遺言執行者に預けておくというケースも多いですね。

正本や謄本が紛失してしまった場合も、公証役場で手続きをすれば交付を受けることができます。

なお、遺言書を作成した後は、その後のご家族関係の変化や、資産状況、ご体調の変化などに伴い、遺言書の内容を変える必要がないか、定期的に（例えば年1回のペースで）確認なさっていくことをお勧めします。

このほか、遺言書の作成で注意して頂きたいことをお伝えしましょう。

遺言書には全ての財産を盛り込む

遺言書には一部の財産のみについて記載することもできますが、なるべく全ての財産について記載することをお勧めします。なぜなら、遺言書に網羅されていない財産があると、それについては、相続人での遺産分割協議が必要になるからです。せっかく遺言書を作っておいたにも関わらず、遺産分割協議という手間が生じることになります。

相続に慣れている専門家が関与する場合は、そういったことがないようアドバイスされると思いますが、ご自身で作成なさった方の遺言書を拝見しますと、財産が網羅されていないというケースが見受けられます。

私がご相談をお受けした方の例ですが、金融機関の口座のうち、遺言書に書いていないものがありました。ご本人に理由をお聞きすると、「○○銀行の口座は、自分が生きている間に使ってしまうつもりなので書いていないのです」とおっしゃいました。相続時に、残高がゼロになっている口座があろうと問題はないので、遺言書の作成時は、ご自分の口座は全て記載しておかれたほうが良いでしょう。

なお、金融資産に関して、「いくら残るか分からないから、どのように書けばいいのか分からない」とおっしゃる方が多いのですが、遺言書には「長男6割、長女4割とする」ですとか、「うち、○○万円は妻へ、残りは子供達に均等に…」というような書き方もできます。

周囲の誤解を招かないようにする

遺言書のご相談にいらっしゃる方の中には、お子さんのうちのお一人が、付き添いで同席なさるケースがあります。ただ、他のお子様には遺言書を作成すること自体知らせていない、という場合があるのです。

このような場合に、後から、「兄が無理やり作らせた」ですとか、「その頃には母は既にボケてしまっていたので、妹が自分の都合のいいように書かせた」などと言われることのないように、経緯、状況を明確にしておかなければなりません。

先ほどもお伝えしたように、遺言書の作成時には「遺言能力」が必要です。ご判断能力があることを証明するには、医師の診断書の準備をお勧めしましたが、さらに備えておきたいということで、遺言者である親御様に、どのように財産を引き継いでもらいたいか、またその理由などをお話ししてもらい、ビデオで録画しておく、という方もいらっしゃいます。つまり、作成時の判断能力の状況を証明できるように、記録に残しておくということですね。
「はい」とか「うん」といった返事だけでなく、なぜそうしたいのか、その経緯などもお話しして頂くと良いでしょう。

ご本人に判断能力があったかという点に関しては、さまざまな場面で論点になります。これらは、税務調査の際にもポイントとなることがありますので、慎重に備えておく必要がありますね。

第4章

知っておきたい相続対策

ここからは少し話を変えて、「相続税の対策」についてお話ししましょう。不動産や生命保険の有効活用、正しい生前贈与の仕方などを中心にご紹介します。

1．不動産を活用して評価を下げる

「いつ」「どんな状態で」渡すか

不動産は、どのように承継すると相続税対策になるかご存知でしょうか。

1つ目のポイントは「いつ渡すか」、つまり承継する時点です。

私はお客様から「不動産は、自分が生きているうちに渡してしまったほうがいいのでしょうか…」とご質問を頂くことがあります。この「不動産を渡す時点」がポイントになるのです。

詳細は後ほどご説明しますが、おそらく多くのケースでは、亡くなられた時、つまり「相続時」に次の世代に不動産を移されたほうが、税金上有利になると思います。相続の時点では、不動産（土地）の評価を下げられる特例を狙えるからです。生前に移転しようとすると高い評価（特例は使えません）となりますが、相続時に渡す場合は低い評価（特例が使える）にすることができるのです。

（例外はあります。例えば、高齢な方が多額の賃料収入をうむ古いアパートを所有しているような場合、その方の預金が増えていく、つまり相続財産が膨らんでいくことになるので、相続人に生前に移転（贈与等）してしまうというケースがございます）

2つ目のポイントは、不動産を「どのような状態で渡すか」です。

不動産（主に土地）は、移転時の不動産の利用状況や、引き継ぐ人の状況などにより、評価方法が大きく変わります。ご自宅や他人に貸している場合など、それぞれ評価する計算式が異なるのです。同じ不動産であっても、相続税の計算において評価を小さくできれば、当然相続税の負担が軽減されることになります。相続の際の評価額を小さくするための準備をしておく、ということが、不動産に関し生前にすべき対策なのです。

◉「賃貸」と「小規模宅地等の特例」を検討する

それでは、「評価額を小さくするための準備をしておく」とは、どのようなことなのでしょうか。

キーワードは「賃貸」と「小規模宅地等の特例」です。

～1つ目のキーワード「賃貸」

不動産は、更地（さらち）や空き家の状態が、相続税において最も高い評価になります。一方で、不動産を賃貸すると評価は下がるのです。

ですので、相続税の負担を軽減したいという方が、お持ちの不動産を賃貸できるか検討なさったり、新たに賃貸物件の建築を考えられたりするのですね。

●賃貸すると評価額が下がる

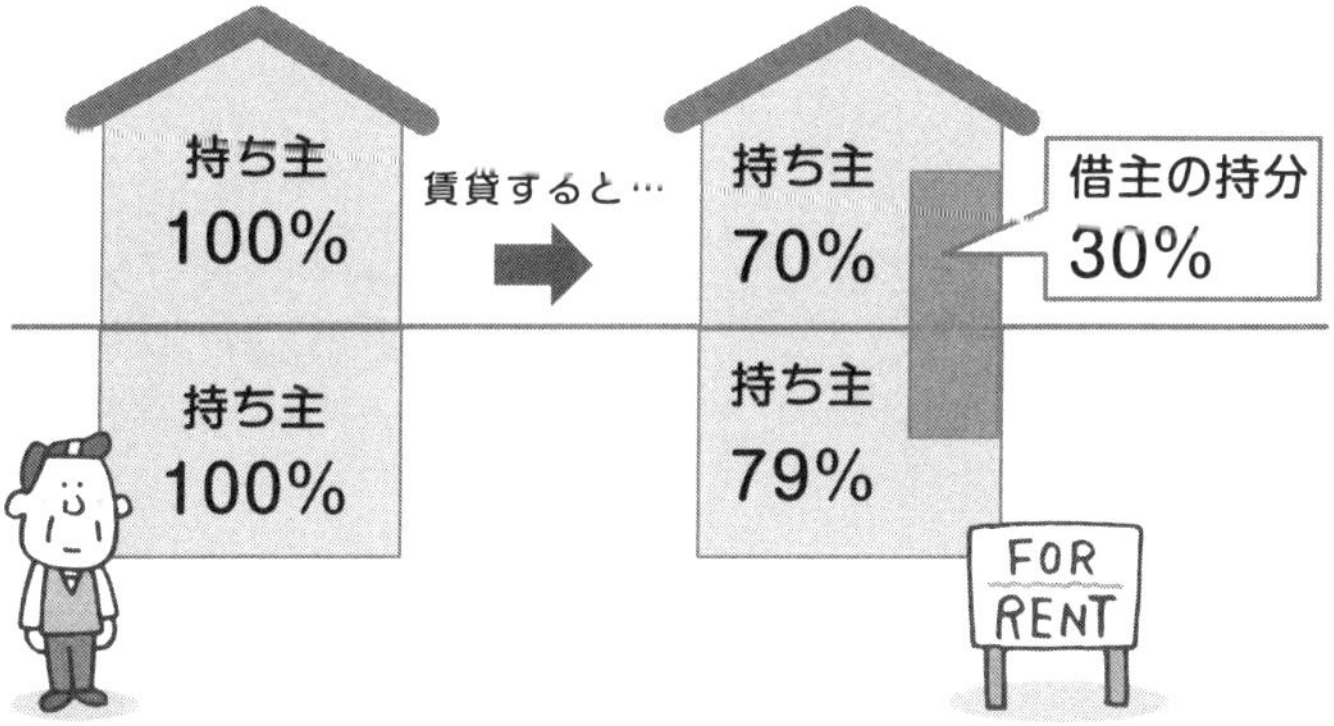

建物を賃貸すると、評価額は7割に下がります。上図をご覧ください。100%から70%に変わっていますね。そして、賃貸した建物の敷地部分（土地）も所有していれば（貸家建付地といいます）、その土地の評価額も同時に下がります。土地の評価の下がり方は、地域により差が出ますが、約8割ほどに下がります。

つまり、建物が7割に、土地が約8割になる――これが建物を貸した時の評価の下がり方です。

ちなみに、マンションのような区分所有建物の場合も同じ考え方です。マンションの場合、土地の所有部分は「敷地権」と表現されますね。
登記簿謄本をご覧になると敷地権の割合を確認できます。

～2つ目のキーワード「小規模宅地等の特例」

「小規模宅地等の特例」という言葉はご存知の方が多いかもしれませんが、この特例は要件が細かく、また改正されることも多い規定です。

以前セミナーに参加された方の中に、「わが家は、この特例が使えるから、税金はほとんどかからない」と思っていたところ、実際に相続が発生し「小規模宅地等の特例」の適用要件について検討してみると、数年前に改正されていたため適用要件を満たせていなかった、という方がいらっしゃいました。

この特例の概要をお話ししますが、実際に特例が適用できるかどうかについては、税理士に個別に確認してもらうようにしましょう。

●小規模宅地等の特例の内容

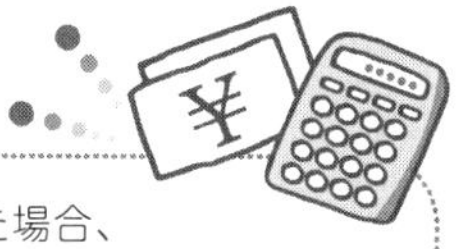

一定の適用要件を満たした場合、
土地を通常より低い評価で評価することができます。

- （貸付事業用）…賃貸物件の敷地（△50%、200m^2まで）
- （特定居住用）…自宅の敷地（△80%、330m^2まで）
- （特定事業用）…事業用建物の敷地（△80%、400m^2まで）

※小規模宅地等の特例には適用要件が設けられています。
　また、併用が求められるものとそうでないものがあるので注意が必要です。
　必ず、個別に専門家に相談しましょう。

小規模宅地等の特例とは

小規模宅地等の特例とは、個人が相続などにより取得した宅地等について、一定の要件を満たした場合、その宅地等を通常よりも低く評価することができるという制度です。

どのような土地に適用できるかといいますと、大きく3つあります。

①賃貸物件の敷地（貸付事業用）への適用
まず1つ目は、賃貸物件の敷地です。建物を貸していて、その敷地にあたる土地ですね。賃貸アパートはもちろん、マンショ

ンの一室を貸している場合、戸建てを貸している場合なども該当します。この賃貸物件の敷地について、200㎡分、評価額を50％に下げることができます。

200㎡を超える部分は、通常の貸家建付地評価になります。

先ほど、本書の95頁で賃貸物件の敷地は、貸家建付地として約8割の評価に下がるとご説明しました。この小規模宅地等の特例も、同じく賃貸物件の敷地に関するものです。

分かりにくくさせてしまったかもしれませんが、賃貸物件の敷地は、2段階で評価が下がる、ということです。

一段階目は、「賃貸」により約8割に（貸家建付地評価）、そこから2段階目の「小規模宅地等の特例」により、さらに半分に下がるのです。

補足ですが、一段階目の貸家建付地評価については、○○㎡までといった限度面積は設けられていません。

②自宅の敷地（特定居住用）への適用

2つ目は、自宅の敷地です。

自宅の敷地については、小規模宅地等の特例が受けられると80%評価が下がります。330㎡を限度として、20%の評価額になるのです。①でご説明した賃貸物件の敷地（貸付事業用）よりも、下がる度合いが大きく、限度面積も広くなっています。

ただし、この自宅の敷地（特定居住用）の場合には、適用要件が厳しくなります。例えば、①の賃貸のケースでは、その不動産を引き継ぐ子供が親と同居していたかどうかは要件に設けられていませんが、この「特定居住用」については、親子の居住状況などが適用の是非に影響するのです。

この特例の趣旨は、相続人等が、もともと住んでいた家に住み続けることができるように、また、行っていた事業を継続できるように、といった配慮にあります。例えば、親と同居していた子供が自宅を相続した場合、その不動産の評価が高いため相続税が払えないとなると、納税資金確保のために自宅を売却しなければならなくなる、といった事態が起きかねません。

そのような場合に、この特例を受けられることで土地の評価が下がり、結果的に相続税負担が軽減される、という税制上の配慮なのです。

このような趣旨から、配偶者が相続する場合には無条件でこの特例が受けられますし、親と同居している子供が相続するという場合にも、自宅の敷地については原則的に適用できるようになっています。


一方、親と別居している子供が親の自宅を相続するといった場合はどうでしょう。既にその子供に持ち家があるとしたら、親が住んでいた自宅は必要ないだろうということで、この特例は受けられません。

ただし、親と別居している子供でも、賃貸に住んでいる場合は受けられるといったケースも複雑ですので、個別の確認がとても重要な規定だといえます。

③事業用建物の敷地（特定事業用）への適用

これは該当する方が多くないかもしれませんが、3つ目として、事業に使っている建物の敷地についても特例の適用があります。400㎡まで80％減額されます（詳細については省略致します）。

特例の適用を受けるには事前の検討が必須

小規模宅地等の特例は、相続発生時に要件を満たせていなければ、事後的に何かをすることで適用が受けられるというものではありません。ですから、事前の検討、準備が必須なのです。

現在はこの特例が受けられない状況だとしても、将来的に（相続が起きる前までには）状況を変え、小規模宅地等の特例を受ける計画を立てているお客様もいらっしゃいます。

分かりやすい事例ですと、お父様が亡くなられた後、娘さんがお母様と同居することにしている方や、数年後に自宅を二世帯住宅に建て替えて、親子で同じ屋根の下に住む計画をしているといったケースです。

また、ご相談が多い例として、親御様が施設に入られていて自宅は空いており、今後、親御様がその自宅に戻る予定はない、このような状況で自宅をどうすべきか、というものがあります。

税金対策を中心に考えると、お子様が将来にわたり「特定居住用」の特例要件を満たせないのであれば、その自宅は賃貸することを検討すべきでしょう。賃貸することで不動産の相続時の評価額は下がりますし、賃料収入が生まれることで資金繰りが良くなりますね。賃料が預金としてたまってしまうようでしたら、生前贈与を並行してされると良いでしょう。

また、不動産賃貸をなさっている方の中には、「法人化」を検討する方も増えています。不動産を個人ではなく法人（会社）で所有することで、相続対策につながることがあるのです。

「法人」の活用は、税金面だけでなく分割対策としても有効です。本書においては複雑なところまでは触れませんが、1つの不動産を複数人の相続人に相続させたいといった場合、「法人化」し複数人に所有させつつも、会社の決定権は1人に集中させる、といったことが可能なのです。

ただ、どなたでもメリットを得られるものではないので、興味がある方は、専門家にきちんとシミュレーションをしてもらってから判断なさってください。

所有不動産がベストな状態か

不動産をお持ちの方は、今の利用状況や将来の相続について、定期的に見直しされることをお勧めします。

不動産を売却するのか、次の世代へ承継していくのか。修繕が必要なものがあれば、いつ誰が資金を出して行うべきか。また、賃貸物件がある場合は、収入確保や資金繰りに問題が生じていないか。

できれば、2~3年に一度は見直しされるといいと思います。その時点の不動産の時価や、その地域の需給バランス、税制等を把握し、ご自分の方向性を変える必要がないかを確認なさってください。

◉相続の見直し「理想は年1回」

年に一度お会いし、ご家族の状況等をお聞きしたうえで、税制改正を踏まえ相続対策の見直しを行っているお客様が多くいらっしゃいます。

ちなみに、相続のことを見直す時期として一番いいタイミングは、個人的には7～8月頃かと思います。税制改正や固定資産税評価、路線価など、検討に必要な情報がほぼ整いますので、時期を決めて継続していかれると良いでしょう。

〈事例①〉…駐車場を賃貸物件にすることで、収支が改善し税負担も軽減したケース

〈親族関係図〉

父、子2人。母は既に死亡。父と息子は同居。娘は別居。

〈資産状況〉

●事例① 親族関係図と土地のイメージ

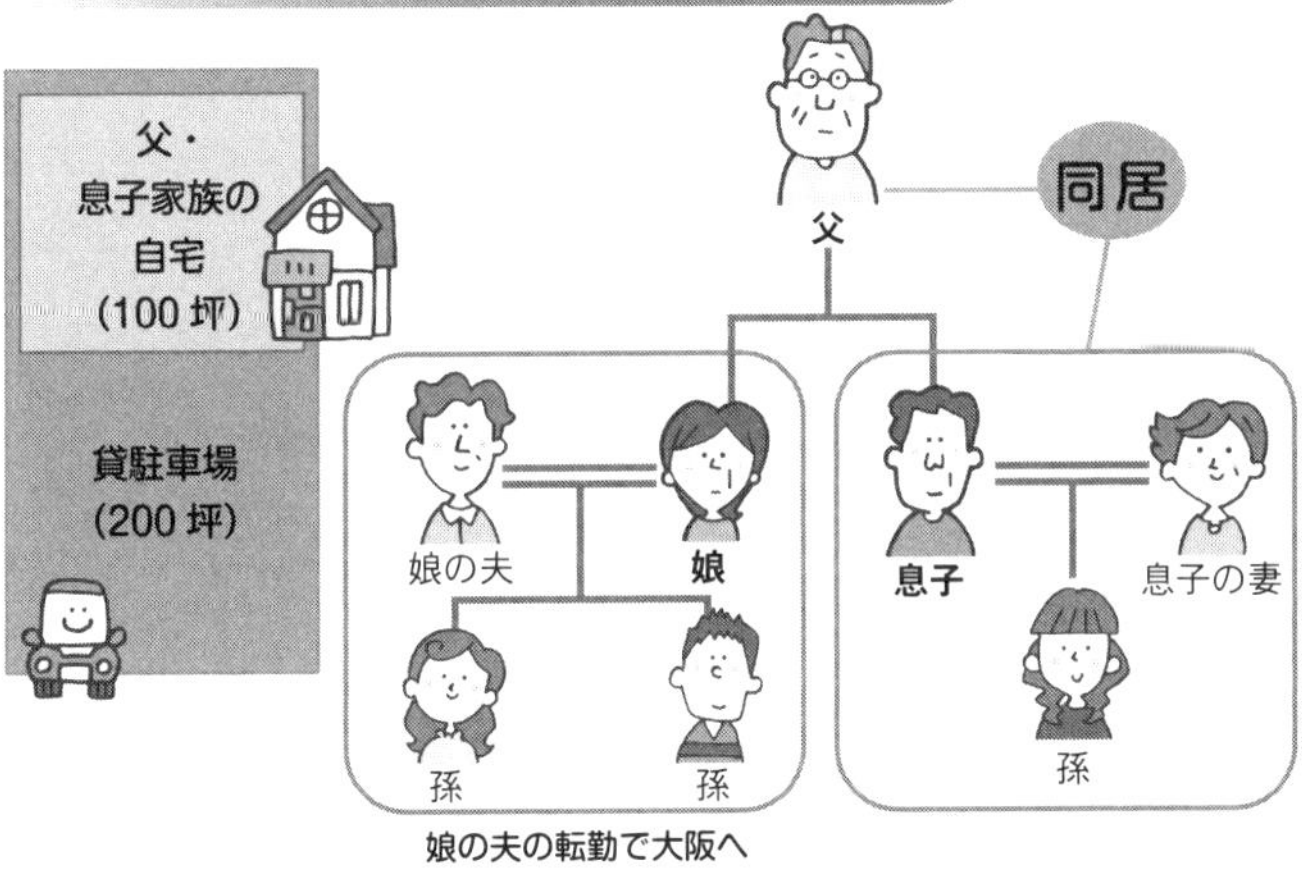

・自宅不動産100坪(約330㎡)
・貸駐車場200坪(約660㎡)

〈解説〉

広い土地に自宅があり、空いているスペースを駐車場として貸していらっしゃいました。不動産会社の方から、駐車場部分に賃貸物件を建ててはどうかと提案を受けたものの、相続全体のアドバイスを受けてから決めたいということで、相談にみえたお客様でした。

まずは「現状把握(財産評価と相続税の試算)」を行いました。結果は、不動産の評価が高かったので、多額の相続税負担が見込まれる結果が出ました。

土地全体の面積は300坪（約1000㎡）、自宅の敷地面積が約100坪（約330㎡）あり、お父様と息子様が同居されていたので、自宅を息子様が相続すれば、「小規模宅地等の特例」の適用が受けられる状況でした。

では、残りの土地約200坪（約660㎡）ある駐車場をどうするか…。小規模宅地等の特例は、自宅の敷地について限度面積相当適用する前提ですので、駐車場部分には使えません。そこで、賃貸物件の建築が有効かを検討しました。

その土地が所在するエリアにおける賃貸物件の需給バランスや賃料、築年数がある程度経過した物件の空室状況などの情報を得ながら、税金への影響のシミュレーションを行いました。

幸いにも賃貸に適している場所でしたので、具体的な建築の話が進みました。

賃貸物件を建てたことで、インパクトがある論点は大きく3つです。

①金融資産が「賃貸の建物」に代わることで、相続財産としての評価額が下がる
②駐車場部分が「貸家建付地」に変わることで、土地の評価額が下がる
③駐車場に比べて収支が改善した

このような例で忘れてはいけないのが、「分割」の対策を合わせて行うことです。相続税の負担が軽減されたとしても、将来分割でもめてしまっては相続対策としては失敗なのです。

このお客様の場合には、不動産は息子様が相続し、金融資産は娘様が多くなるようにしましたが、それでも息子様の取得分が多くなり、偏りが出ることが想定されました。そのため、息子様から娘様へ「代償金」として「○○○万円を○年間の分割で支払う」という内容を遺言書に織り込むことで対処しました。

ここで代償金について、簡単にご説明しましょう。

相続財産を分割する場合、その財産が現金であれば分けやすいですね。しかし、財

産の大半を不動産が占めているといった場合、不動産の共有を避けつつ平等になる分割は難しくなります。

そこで、1人の相続人にその不動産を相続させる代わりに、他の相続人に対し代償金を支払うという方法があります。これを代償分割といい、この対価を代償金というのです。

〈事例②〉…遺産分割の代償金準備のため、自宅を賃貸併用にしたケース

〈親族関係図〉

母、息子2人。父は既に死亡。長男、次男とも既婚で家を出ており、母は広い戸建てに一人暮らし。次男にのみ子供がいる。

〈資産状況〉

- 自宅不動産（評価額）約7000万円
- 金融資産2000万円弱

●事例② 親族関係図

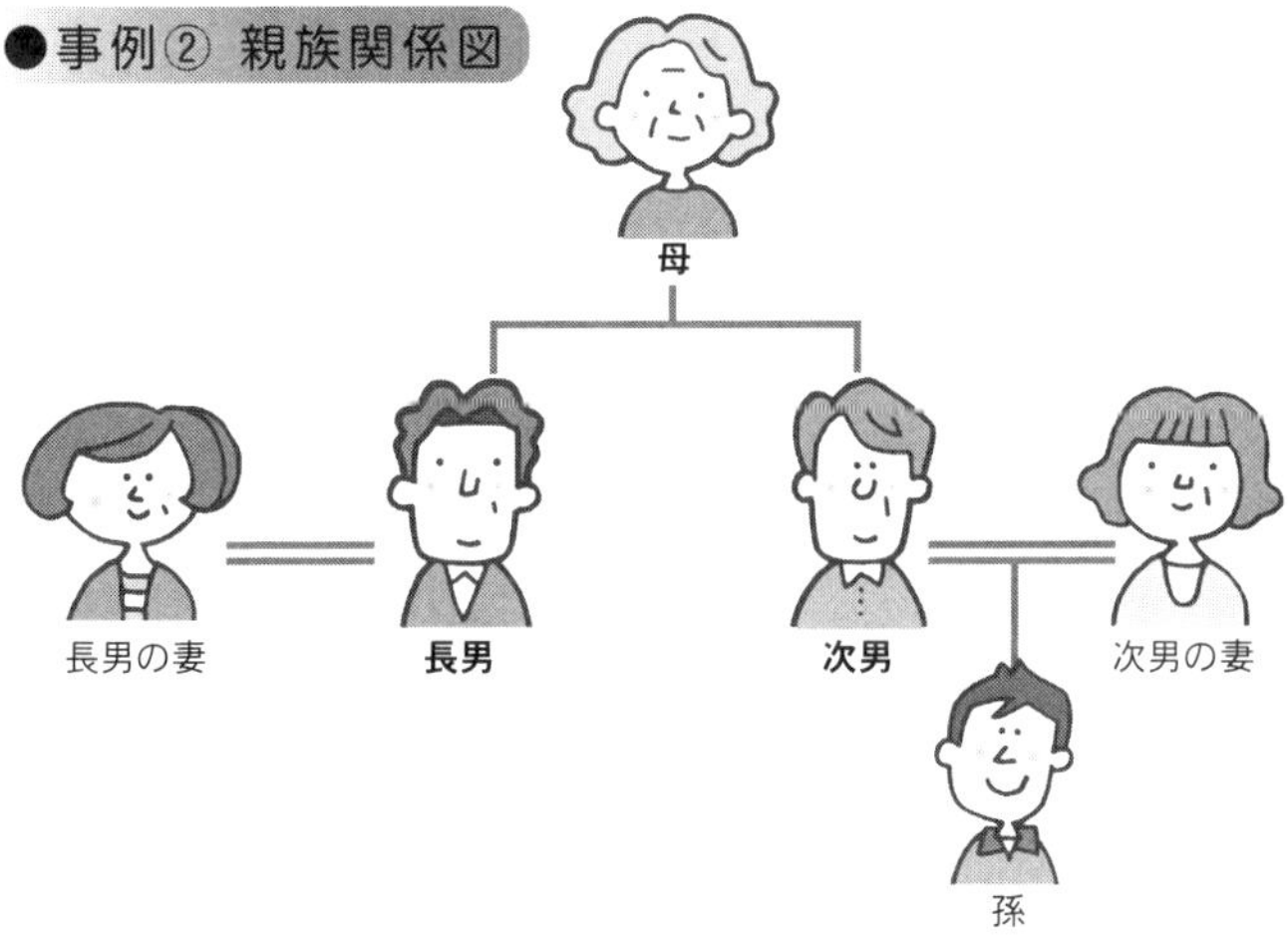

〈解説〉

お母様（78歳）と、そのお子様からのご相談でした。

お母様のご資産は、不動産が約7000万円であるのに対し、金融資産は2000万円弱でした。

不動産は、子供がいる次男が相続することに全員が同意したものの、長男が相続する金額との差が大きくなる点が懸念事項でした。

このように、不動産と金融資産の金額に差が生じ、そこを問題視するケースはとても多いですね。

前の事例でご説明したように、次男から長男へ代償金を支払うことでバランスをとればいいのですが、通常は多額の代償金を自分で用意することは困難です。

そこで、お母様の自宅を賃貸併用に建て替え、将来、不動産を相続した次男が、長男への代償金を支払いやすくするという方向で検討を進めました。

こういったケースの場合、お母様の自宅を建て替えるので、一時的に仮住まいになるなどの負担も生じます。

このお客様の場合には、お母様がお元気で、何より相続対策の必要性を強く感じていらっしゃったので、なるべく短期間で完了することを目指し、建て替えを実行することになりました。

補足ですが、本件におきましても、分割の対策として「遺言書」の作成まで行いました。今では年に2度ほどお会いし、お母様の体調や息子さん達の状況をお聞きするといったお付き合いを続けさせて頂いています。

2. 生命保険の非課税枠を活用する

続いて、相続における保険の活用についてご説明しましょう。

相続において「保険」はとても特別な位置づけがされています。税金面でも分割の面でも、「保険」をうまく活用して頂くことで、相続人の負担を軽減できるのです。

それでは詳しく見ていきましょう。

「死亡保険金」には相続税がかからない

相続が発生し、ご家族が受け取る死亡保険金は相続財産とみなされ、基本的には相続税の対象になります。ただし、「遺されたご家族の生活保障」という配慮から、「非課税の枠」が設けられているのです。

とはいえ、死亡保険金であればいくらでも非課税になる、ということではなく、上限が設けられています。つまり、一定額までは非課税で、その上限額を超えた部分は、

●生命保険を活用した相続税対策

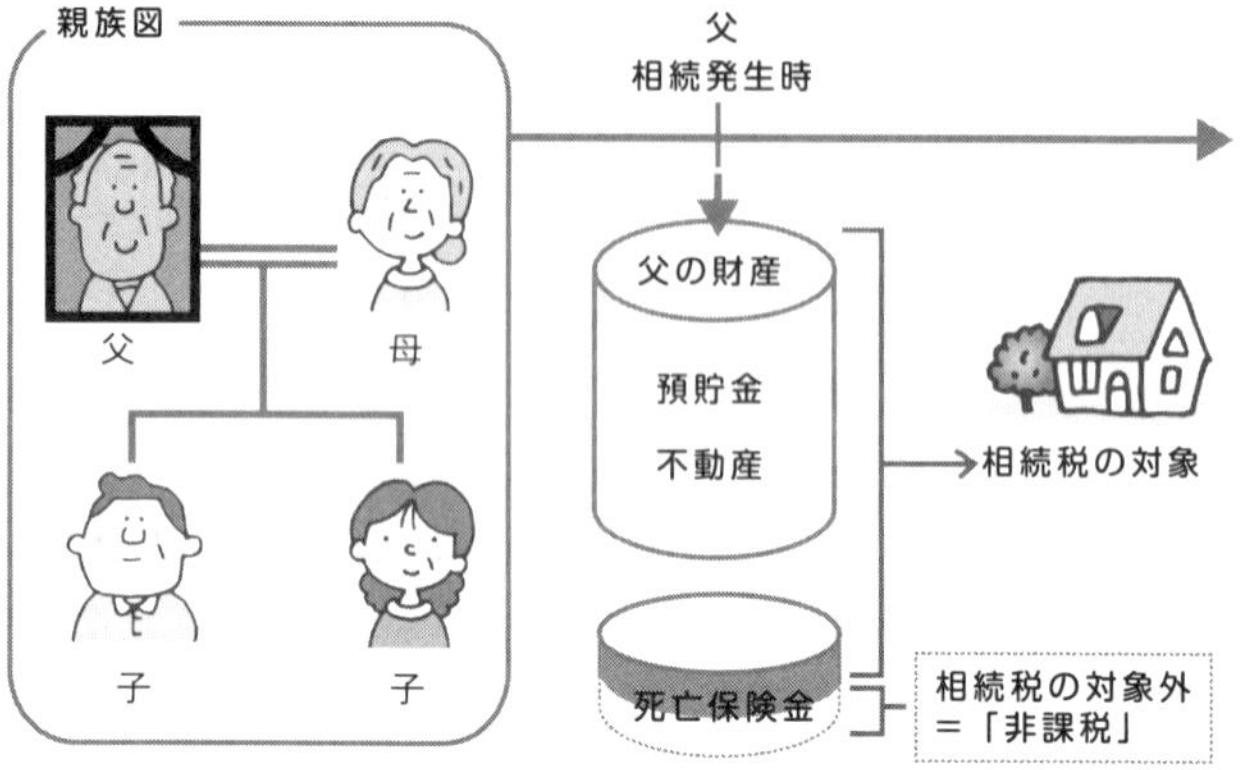

不動産や預貯金など、他の財産と同様に相続税の対象になるのです。

補足ですが、相続が起きた際にご家族に「死亡退職金」が支払われた場合には、この死亡退職金についても同額の「非課税の枠」がございます。

◉「非課税枠」はいくらか

非課税となるのは、皆さま同額ではありません。次の算式で計算します。

『死亡保険金の非課税限度額＝500万円×法定相続人の数』

●生命保険の非課税枠活用のポイント

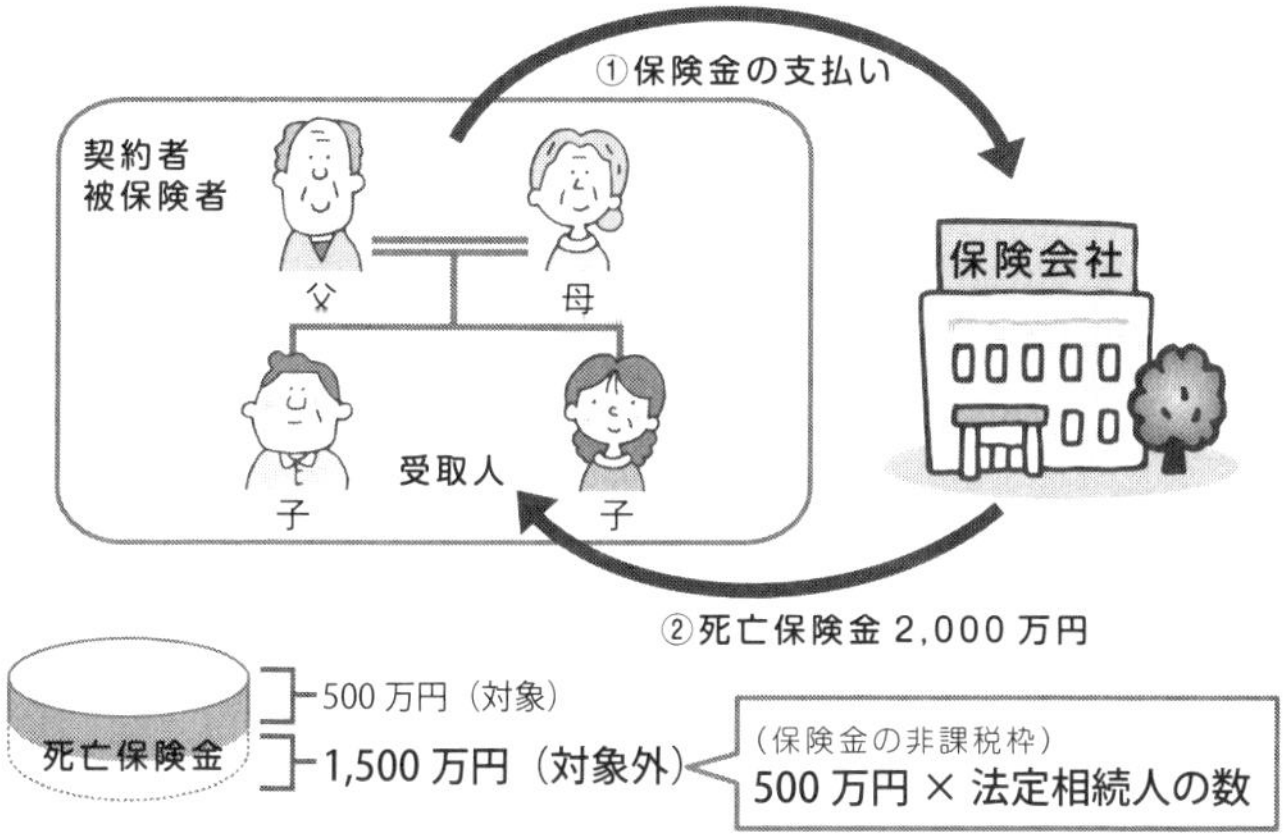

相続人お一人当たりが受け取る金額が500万円を超えたら課税される、ということではなく、全ての相続人が受け取られた死亡保険金の合計額が、この非課税限度額を超えた時、その超えた部分が相続税の課税対象になります。

上記の親族図でご説明しましょう。

法定相続人が3人いらっしゃる場合、子供2人が750万円ずつ死亡保険金を受け取ったとすると、合計1500万円ですので、全額が非課税になります。

一方、受け取った死亡保険金の合計額が2000万円だった場合には、1500万円を超える500万円部分が、相続税の課税対象になるということですね。

〈法定相続人の数〉

「法定相続人の数」は、相続を放棄した人がいても、その放棄がなかったものとした数なので、「相続の放棄」があったとしても上限額は変わりません。

少し複雑な話になりますが、相続人の中に養子がいる場合は、「法定相続人の数」に含められる養子の数にも上限があります。実子がいる時は養子は1人まで、実子がいない時は養子は2人まで含めることができます。

●非課税枠活用のポイント

実は、相続税を支払っている方の中で、この非課税枠を使い切れていないケースは意外に多いのです。皆さまは、相続税の税率をご存知ですか。28頁の相続税の速算表をご覧ください。一番低いのは10%ですね。10%から最大55%まであります。

10%以上の相続税がかかるか、0%(非課税)で済むのか。例えば、1500万円の10％は150万円です。これだけでも相続人に遺せる金額が変わります。

ですので、現預金を死亡保険金に置き換えることで、相続税の負担軽減につながるわけですね。

この非課税枠について、3つ補足させて頂きます。

〈留意点①〉受取人を誰にするか

1つ目は、死亡保険金の受取人を誰にすべきか、という点です。受取人を配偶者にすべきか、それとも子供にすべきか…。

もし相続「税」のことを中心に受取人を決めたいという場合には、答えは後者ですね。配偶者は、相続税において一定額まで無税で相続できる枠がありますので、死亡保険金はお子様が受け取るようにし、配偶者に遺す財産は預金の形でいいでしょう。

〈留意点②〉契約形態に注意する

2つ目は、保険の契約形態です。

この規定は「相続人」が受け取った死亡保険金でなければ対象にならないのです。お客様の中に、死亡保険金の受取人をお孫様にしている方がいらっしゃいました。お孫様は、通常は相続人に該当しませんので、受け取られた死亡保険金は全額相続税の対象となり、さらに、通常の相続税の2割増しで計算されてしまうのです。

お孫様に財産を遺してあげたいという場合には、死亡保険金で渡すのではなく、生前贈与等をうまく活用することをお勧めします。

〈留意点③〉契約期間に注意する

3つ目は、その保険が「終身」になっているかという点です。

一定のご年齢に達したことで満期になり、保険金を受け取ってしまうと、将来の相続時には死亡保険金ではなく「預金」となっていますので、当然この非課税枠の適用はありませんね。

契約期間を念のため確認しておきましょう。

●保険金にかかる税金の種類

被保険者	保険料の負担者	受取人	税金の種類
A（母）	B（父）	B（父）	所得税
A（母）	A（母）	B（父）	相続税
A（母）	B（父）	C（子）	贈与税

◎「死亡保険金」は契約形態により変わる

死亡保険金を受け取る場合、上図のように①被保険者、②保険料の負担者、③受取人がそれぞれ誰かにより、課税が変わります。

～所得税の対象となるケース

保険料の負担者と受取人が同じ場合には、所得税が課税されます。

例えば、奥様がご主人を被保険者、ご自分（奥様）を受取人とした保険に入り、保険料を支払っていたとします。ご主人が亡くなられた際に奥様が受け取る死亡保険金については、税金の種類は「奥様の所得税」になるのです。

～相続税の対象となるケース

「被保険者」と「保険料の負担者」が同じ場合は、相続税の対象になります。

例えば、ご主人がご自身（ご主人）を被保険者とする保険に入り、受取人を奥様やお子様にしたとします。将来、ご主人が亡くなられた際に奥様やお子様が受け取る死亡保険金は、相続税の対象になります。

ここで、先ほどご説明した「非課税枠」の話が出てきます。死亡保険金は一定額が非課税となり、上限額を超えた部分は課税対象でしたね。

～贈与税の対象となるケース

これは少し複雑になりますが、実務でよくある例なので触れておきましょう。

例えば、お子様が契約者で、お母様を被保険者とし受取人をお子様自身とした保険に加入していたとします。ただし、実際に保険料を支払っていたのはお父様だった、というケースです。

このような場合、将来、お母様が亡くなられた際に、お子様が受け取る死亡保険金は「贈与税の対象」になるのです。保険料を支払っていたお父様から、保険金を受け取ったお子様への贈与になるのです。

注意して頂きたいのは、保険の契約者（名義）が誰になっているかではなく、実際に保険料を負担していたのが誰かで、課税が決まるという点です。

保険は「分割対策」としても有効

「代償金の財源」として保険を活用する、という考え方があります。

例えば、不動産を子供（兄弟）のうちの「兄」に相続させるとした場合、死亡保険金の受取人は誰にするのが分割対策として適切でしょうか。

ここで「弟」にしてはいけないのです。

死亡保険金の受取人は「兄」にしておくことがポイントです。

兄には不動産を、弟には死亡保険金を、とすると、一見差を縮められたように感じられます。しかし、死亡保険金は「受取人固有の財産」であり、亡くなられた方の相続財産ではないのです。

つまり、弟は、死亡保険金を受け取ったうえで、さらに、それ以外の財産の2分の1（遺言書がある場合には遺留分である4分の1）相当の財産を兄に対し主張できるのです。

この場合の正しい対策としては、不動産を兄に相続させ、死亡保険金の受取人も兄にします。そして「遺言書」を作成し、「代償金として兄から弟へ○○万円支払う」という内容を織り込むことで、弟とのバランスが取れることになるのです。

〈事例①〉…二次相続のシミュレーションを行い、奥様の「保険金の非課税枠」を使ったケース

〈親族関係図〉

ご主人、奥様、子供2人。

●事例① 親族関係図

〈資産状況〉
- 自宅不動産（評価額）8000万円
- 金融資産6000万円
- 生命保険金1000万円

〈解説〉

今現在、預貯金や不動産がご主人名義になっているという場合、将来ご主人が亡くなられた時の対策しか考えていない、という方が多いのではないでしょうか。この事例のお客様も、当初ご主人の相続対策のみをなさっていました。

前にも触れましたが、相続税の負担が大きくなるのは「二次相続」、奥様が将来亡くなられた時のお子様たちが負担する相続税でしたね。そのことを考慮し、奥様が亡くなられた時にお子様が受け取れる死亡保険金をご準備頂くことで、二次相続の際の「非課税枠」を活用することができるのです。

3．生前贈与で相続財産を減らす

まず最初に、「相続」と「贈与」を整理しておきましょう。

「贈与」とは、生きているうちに財産を無償で相手にあげることです。一方「相続」は、亡くなられた時点で、その方の財産を、相続人（配偶者やお子様など）が承継することをいいます。「生前贈与」は多くの方が行っている相続対策だと思いますので、ポイントを解説していきましょう。

◉年間110万円までは無税で贈与できる

これはご存知の方が多いでしょうね。

●生前贈与活用のポイント

- **年間110万円まで**の贈与は、贈与税がかかりません。
- 110万円の考え方は、**もらった人ごとに**、1月1日〜12月31日の期間で考えます。

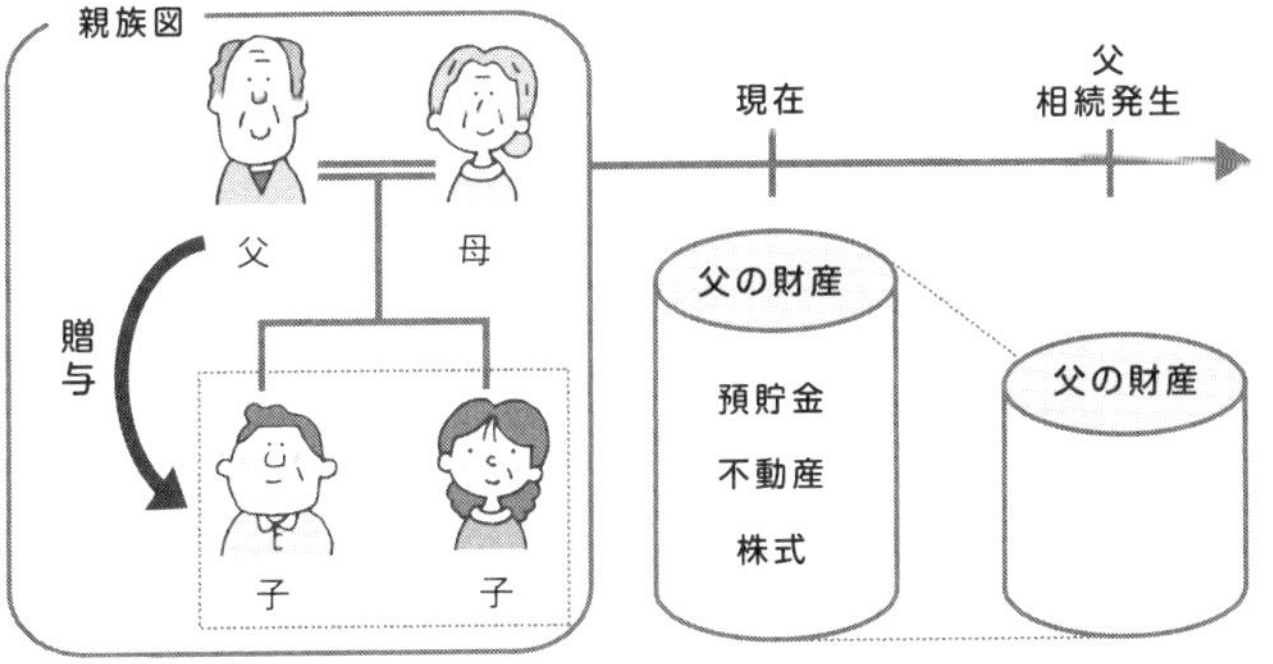

贈与税は、１月１日から12月31日までの１年間に、贈与により取得した財産に対し、その取得した人（＝受贈者）に課される税金です。ただし、１年間にもらった財産の合計額が１１０万円以下なら、贈与税はかかりません。

この１１０万円という数字は、もらった人ごとに年間１１０万円を超えていないかどうかを判断します。

例えば、父親が子供に１１０万円を贈与し、その子供に祖母からも１１０万円の贈与がなされたとすると、一年間に贈与を受けた金額が１１０万円を超えますので、もらった人（＝受贈者）は贈与税を払うことになるのです。

ただし、無税で贈与を受けられる110万円（基礎控除額）は1年間の金額ですので、次の年の1月1日になれば、また新たに110万の枠が生じるのです。

生前贈与は誰に対してもできる

110万円まで贈与税がかからないのは、相続人への贈与のみですかとご質問頂くことがありますが、そのような制限はありません。

孫や甥姪、子供の配偶者などに贈与する方もいらっしゃいます。少し珍しいケースですが、私のお客様の中には、献身的に支えてくれるヘルパーさんに贈与をしている方もいます。

生前贈与は何歳から始めるべきか

お客様から、「生前贈与は、何歳くらいからスタートすべきですか」とご相談を頂きます。

●生前贈与活用時の留意点

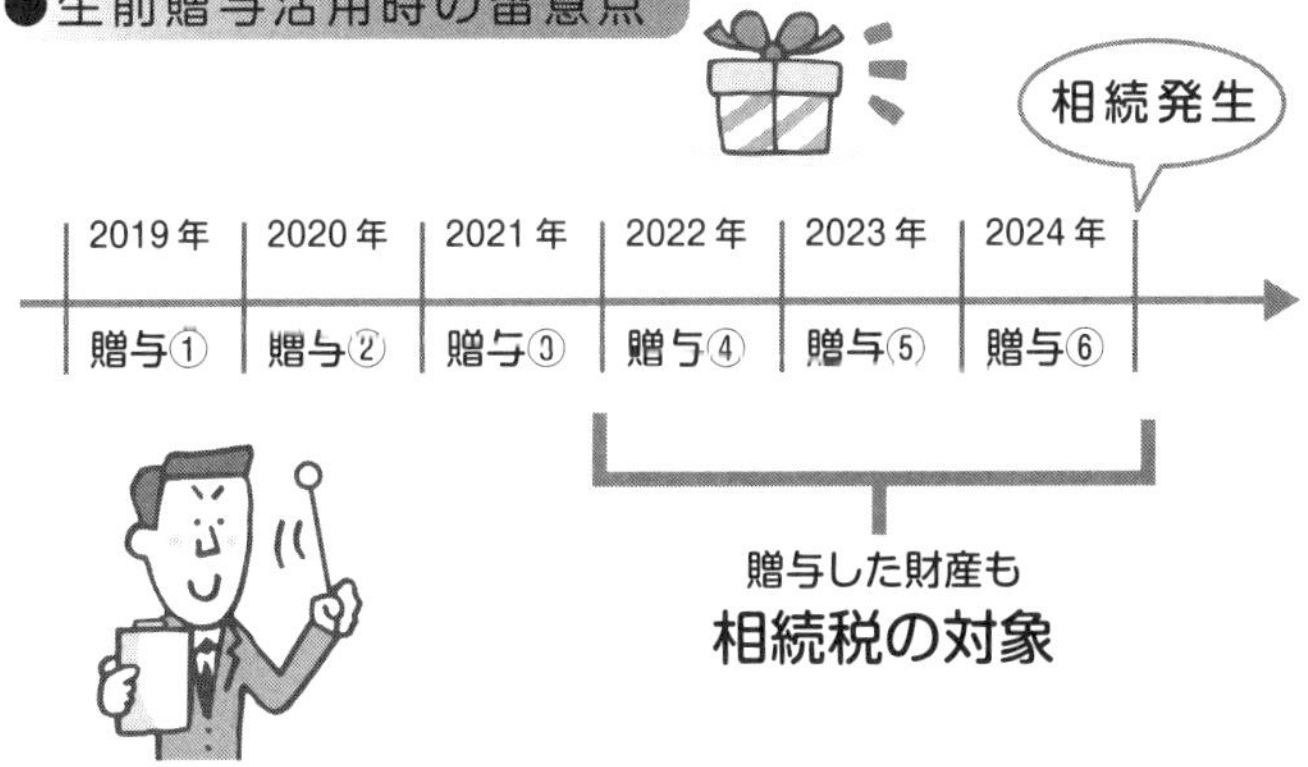

※相続発生前3年以内の相続人等への贈与は、**贈与がなかったもの**として相続税の計算が行われます。

結論から申しますと、生前贈与のスタートは早ければ早いほどいいと思います。余剰資金と思える預金がある、または、子供達に500万円ずつくらいは贈与してあげたい、などというお考えがあるようでしたら、早くスタートし、定期的な見直しをしていくことをお勧めします。ご自分の財産状況や体調をみながら、途中で贈与する額を減らしたり、あげる相手を変える方もいらっしゃいます。

一度にまとまった金額を贈与するのではなく、ご自分の状況に合わせて毎年贈与額を決めていく形にすれば、「生前贈与」はとても使いやすい相続対策といえるでしょ

●贈与税の速算表（一般贈与）

この速算表は、「特例贈与財産用」に該当しない場合の贈与税の計算に使用します。例えば、兄弟間の贈与、夫婦間の贈与、親から子への贈与で子が未成年者の場合などに使用します。

基礎控除後の課税価格	税率	控除後
200万円以下	10%	—
300万円以下	15%	10万円
400万円以下	20%	25万円
600万円以下	30%	65万円
1,000万円以下	40%	125万円
1,500万円以下	45%	175万円
3,000万円以下	50%	250万円
3,000万円超	55%	400万円

う。

◎相続発生前の3年間の贈与は「足し戻される」

生前贈与は早くスタートすべきと申しました理由がこの「足し戻し」の制度です。

前頁の図をご覧ください。例えば、２０１９年から生前贈与を開始し、年に１回の贈与を実行したとします。そして、６年目の贈与をして、その贈与者の相続が発生したとします。

この場合、亡くなられた直前の３年間に行った贈与については、相続財産に足し戻して相続税を計算する、というルールがあるのです。

生前贈与の方法（例）

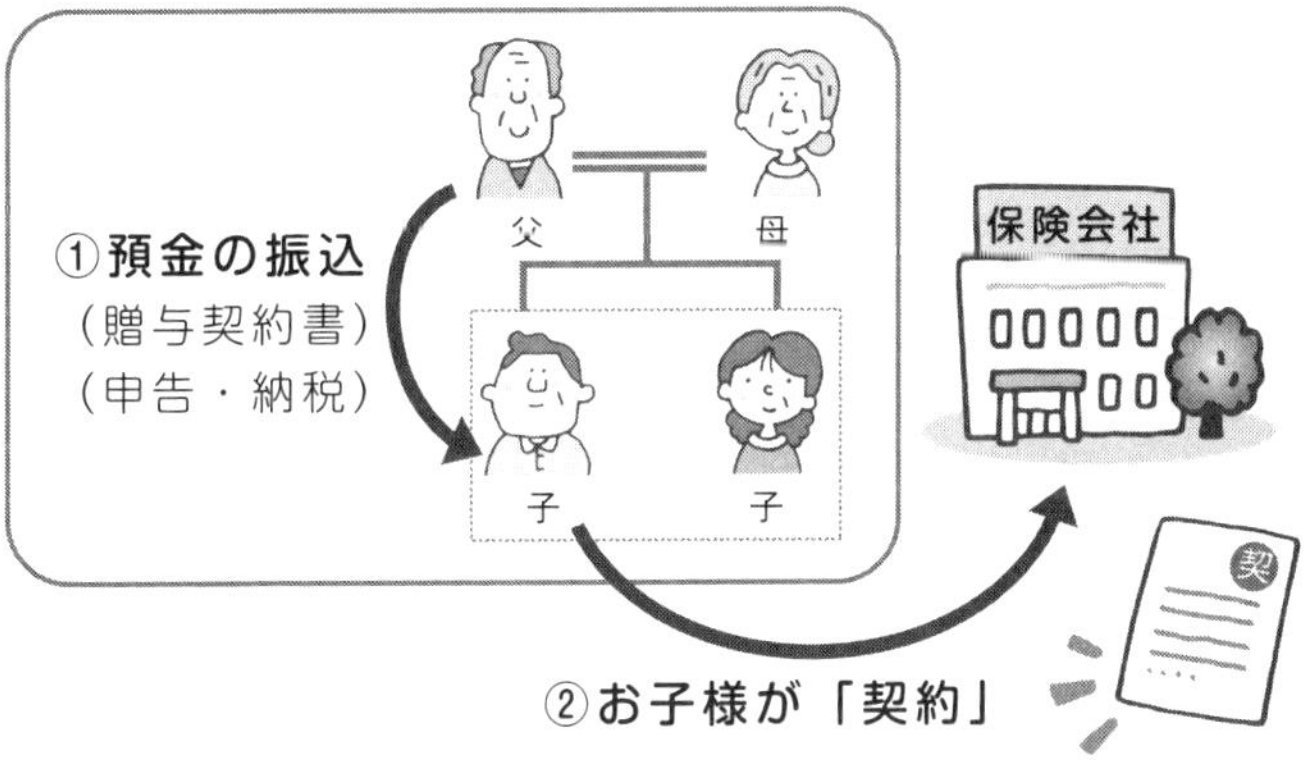

全部で6回贈与の手間をかけたのに、相続税の計算上は3回分しか生前贈与の効果が得られなかったという結果になります。私がお受けする相続税の申告においても、直前3年間の贈与について、この足し戻しを受けるケースがとても多いのを感じます。

生前贈与をなさるのでしたら、早めにスタートすることで、この足し戻しの対象になるリスクを軽減することができるのです。

ここで、「3年分の足し戻し」について、もう少し詳しくご説明しましょう。

相続などによって財産を取得した人が、

被相続人から、相続開始前3年以内に贈与を受けた財産がある時は、贈与を受けた時の価額が相続財産に加算されます。

ちなみに、相続開始前3年以内の贈与であれば、贈与税を支払っていたかどうかは関係なく加算されます。

ただし、過去に支払った贈与税があれば、相続税から差し引かれるので、贈与税と相続税を二重で支払うことはありません。

補足ですが、贈与税の配偶者控除の特例、住宅取得等資金の贈与、教育資金の一括贈与、結婚・子育て資金の一括贈与などの特例を受けた場合は、3年以内に該当しても加算されません。

◎3年以内でも足し戻されない贈与

私のお客様には、90代の方や100歳を超えている方もいらっしゃいます。ご高齢の方が生前贈与を検討する場合には、特にこの規定について正しく理解し、どのような生前贈与を行うか判断して頂かなくてはなりません。

この「最後の3年分の足し戻し」の規定は、対象になる人とならない人がいるのです。

簡単に申しますと、足し戻しの対象となるのは「相続時に財産を取得した人」が受けた3年以内の贈与です。遺言書がない場合には、相続時に財産を取得するのは相続人ですね。

つまり、孫や子供の配偶者は相続時に財産を取得しないので、直前3年以内に贈与を受けていたとしても足し戻しの対象にはならないのです。

生前贈与は定期的に見直しをして頂きたいと申しましたが、例えば、今までお子様に生前贈与をしていた方のご体調が悪くなったとします。こういった場合には「3年分の足し戻し」を懸念し、贈与する相手を子供から孫に切り替える、ということを検討なさってもよろしいかもしれませんね。

このように、誰に贈与するか、対象者も重要なポイントになるのです。

◉いくら贈与するのがいいのか

生前贈与する金額は、いくらがいいと思いますか？

先ほどご説明したように、1年間に110万円を超えると、贈与税がかかります。しかし、実際は年間110万円を超える贈与をなさっている方が大勢いらっしゃるのです。

私のお客様の中にも、そのような方がいらっしゃいます。驚いてしまいますが、年間1000万円を超える金額の贈与をしている方もいらっしゃいます。

ではなぜ、贈与税がかかるような贈与をするのでしょうか。

答えは、「贈与税がかかる贈与をしても、メリットがある人がいる」ということです。

相続税も贈与税も、最も低い税率は10％、最も高い税率は55％と段階式になっています。財産額が大きくなれば税率が高くなるのです。つまり、ご自分の相続税率を把握できれば、それより低い贈与税率になる範囲での贈与をすれば良い、ということです。

シンプルですね。

ただし、財産の中の、不動産と金融資産のバランスもありますので、税率だけで判断するのではなく、お手元に置いておくべき金融資産の額、今後の資金繰りなどを十分考慮したうえで贈与額を決定するようにしましょう。

否認されない贈与を心がける

生前贈与を活用するうえで、最も重要なのは「生前贈与のやり方」です。

皆さまが20年、30年と、長い期間生前贈与をなさっても、将来の税務調査で否認されれば、相続税の対象になってしまいます。

税務調査は、拒否できるものではありません。皆さまの中には税務調査の経験がある方もいらっしゃるかもしれませんが、税務調査を受けるとなると、相続人に多大な精神的ストレスがかかります。

◉チェックされるポイントはシンプル

きちんとした「贈与」を実施していれば、税務調査が来ても、その点に関する質疑応答はすぐに終えることができます。

では、この「きちんとした贈与」とはどのようなことをいうのでしょうか。税務署がチェックするポイントは、おおむね次の2点に集約されます。

①両者の意思（贈与契約書）…あげる人ともらう人、両者の意思が伴っていたか。その意思表示として贈与契約書を作成しているか（書面による贈与か）。

②「管理・運用・処分」…贈与を受けた人が、その財産を管理・運用・処分していたか（できる状態にあったか）。

◉「管理・運用・処分」とは

実際にあったお客様の事例でご説明しましょう。

毎年100万円をお孫様の口座に振り込む形で積み立ててあげている方がいらっし

ゃいました。

この方は、お孫様たちの通帳を全て預かっており、それぞれの通帳に暗証番号を書いた付箋を貼り付けていました。通帳を拝見しますと、きれいに毎年100万円が振り込まれ、貯まっている状態でした。

このように通帳や印鑑を相手（受贈者）に渡していない場合には、「管理」をさせていないため、贈与として否認される可能性があります。

また、贈与を受けた財産を自由に「運用・処分（＝使うこと）」できる状態になかったという場合も、贈与として認められないリスクがあります。

贈与したのであれば、通帳や印鑑は相手に渡して管理をさせ、贈与した財産は、相手が自由に使える状態にしましょう。

保険料を贈与するという考え方

親御様の立場からすると、お子様に贈与をしてあげたくても、そのお金をムダ遣いしてほしくない、と思われる方が多いのではないでしょうか。また、お子様やお孫様の金銭感覚をおかしくさせてしまわないか、と心配なさる方も大勢いらっしゃいます。

このような場合に、贈与した預金がお子様の口座に残らない方法として、「保険料贈与」というやり方があります。


贈与と同時に、お子様が契約者となる保険に加入し、親から贈与を受けた金額を、その契約に伴う保険料の支払いに充てることで、お子様の口座には預金を残さない、というものです。ただ、使ってなくなってしまうわけではないので、外部に積み立てていくようなイメージですね。

お子様が契約した保険料の支払いに充てることになりますので、実際に「処分（＝使っている）」したことになり、税務署への説明もしやすくなるでしょう。

これは、国税庁の事務連絡（１９８３年）の例にもある贈与の手法ですね。

〈事例①〉…贈与対象者を追加し、相続税負担が軽減したケース
〈親族関係図〉

●事例① 親族関係図

ご主人93歳、奥様（80代）、子供3人、孫6人。

〈資産状況〉

・資産総額　約10億円

〈解説〉

既にお子様3人に生前贈与をなさっている方でした。相続対策について、相続専門の人に相談しておきたい、ということでご相談にみえました。

まず、今の贈与では、「相続直前の3年分が足し戻し」になることをご説明し、「足し戻しの対象外」となる孫・子供の配偶者への生前贈与を検討しました。

●事例② 親族関係図

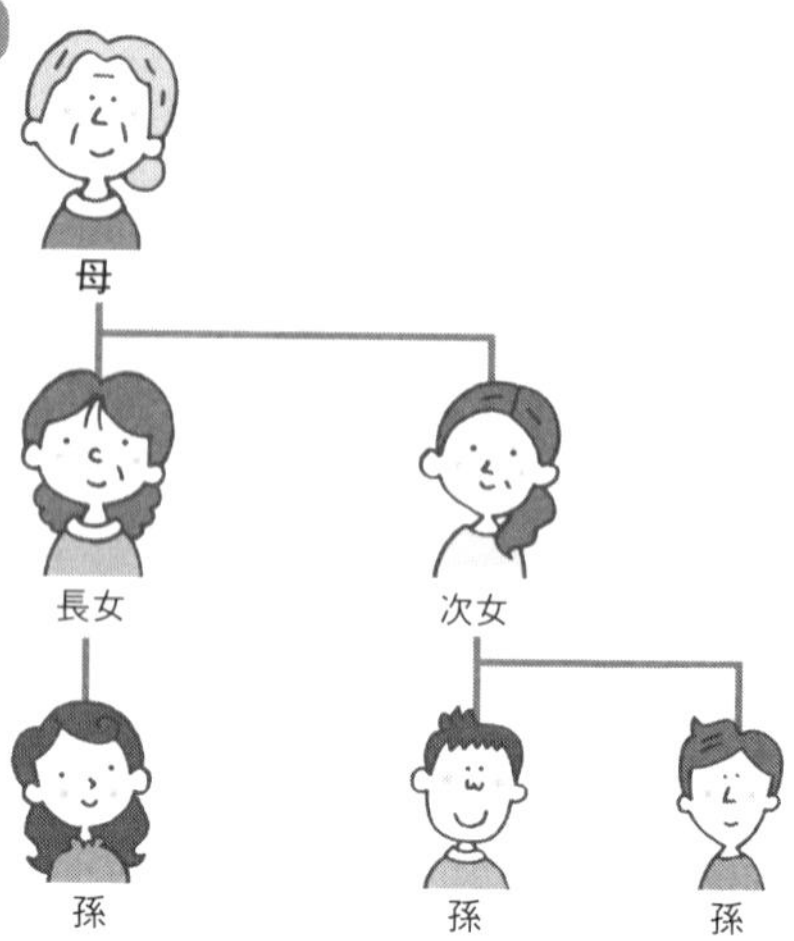

ご主人は、孫や子供の配偶者へ贈与することに抵抗がないとおっしゃったので、生前贈与の対象者を増やしたのです。

〈事例②〉…贈与手続きを整えたことで、税務調査で認められたケース

〈親族関係図〉

父（既に死亡）、母、娘2人（いずれも子あり）。

〈資産状況〉

- 自宅不動産（土地、家屋）約5000万円
- 預貯金約4000万円

〈解説〉

娘様お2人からのご相談でした。お母様が、生前贈与として娘様お2人の口座に振込みを開始しようとしている状況でした。

口座から口座へ振込みをすれば、通帳に履歴が残るから説明ができるでしょう、と思われていたようですが、「振込み」は一方的にできてしまいますね。ですので、贈与を受ける方（受贈者）の意思があったことの証明には少し不足しているのです。「贈与契約書」を作成し、契約書に基づき預金が移動していることを説明できるようにしましょう。

なお、贈与契約書のお名前は、できるだけ自署で行って頂くようお願いしています。また、どの印鑑を使用するかもご留意頂きたい点です。贈与する側ともらう側（贈与者と受贈者）が同じ印鑑を使用するなどということは避け、それぞれ別の印鑑を用意し、捺印するようにしましょう。

第5章

覚えておきたい相続の手続き

1. 各種手続きの期限に注意

相続の手続きの中には、期限があるものとないものがあります。また、期限を過ぎるとペナルティがかかるものもあります。

相続税の申告・納税手続き

期限が設けられている手続きの代表例として「相続税の申告と納税」があります。相続税の申告・納税は、被相続人が亡くなられたことを知った日の翌日から10ヵ月以内に行わなければなりません。例えば、1月6日に亡くなられた場合には、その年の11月6日が申告期限になります（土・日・祝日などの場合は、その翌日）。

ちなみに、相続税の申告書の提出先は、被相続人の死亡時の住所地を所轄する税務署です。相続人の住所地の税務署ではないのでお気をつけください。また、相続税は、

●相続手続きの流れ

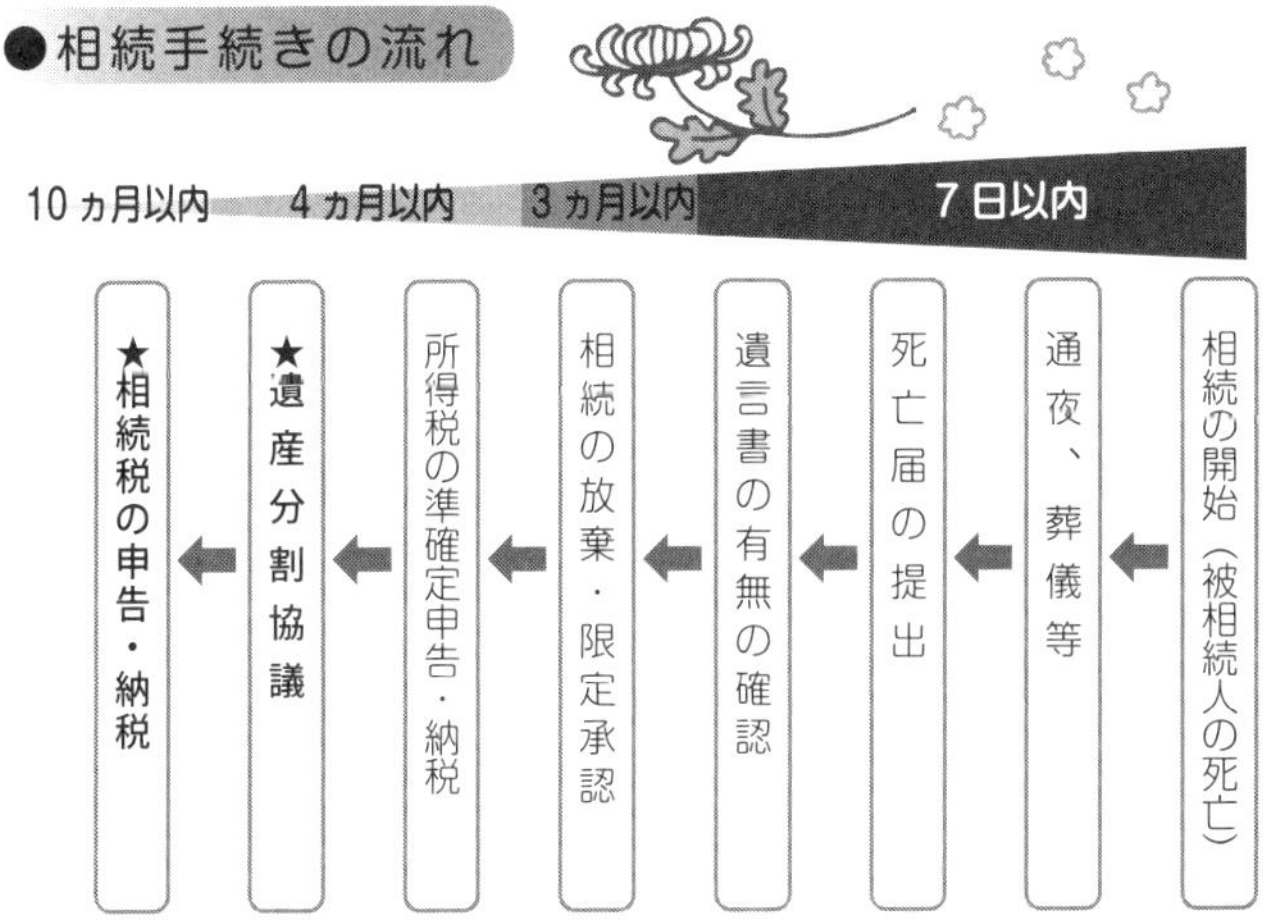

原則として申告期限までに、金銭で一括納付しなければなりません。

最初の相談はできるだけ早く行う

実際に相続が発生した場合には、なるべく早い段階で、税理士や司法書士などに相談に行かれることをお勧めします。

相続税の申告においては、戸籍や銀行の残高証明、不動産の謄本や評価証明というように、多くの書類を入手しなければなりません。

いわゆる確定申告（所得税の申告）とは

異なり、とても長い時間を要します。

申告期限が10ヵ月後だからといって先延ばしにしてしまうと、申告期限直前になり資料収集が間に合わない、などという事態も起こりえます。

初回のご相談は早いほうが、結果的にはお客様のご負担を軽減することができるでしょう。

お客様の中には、自分でできることはなるべく自分で行いたい、という方がいらっしゃいます。もちろんそれで構いません。

しかし、ご自分で行ってリスクがないことと、専門家に依頼なさった方がいいことがあると思いますので、一度そのあたりのお話を聞きに行かれることをお勧めします。

◉財産の分け方が決まらない場合

相続税の申告期限までに、遺産分割の話がまとまらないケースもあります。その場合はどうすればいいのでしょうか。

相続財産が分割されていない場合でも、相続税の申告は10ヵ月以内に行わなければなりません。分割が決まっていないからといって、相続税の申告期限が延びることはないのです。

分割協議が成立していない場合は、法定相続分に従って財産を取得したものと仮定して、相続税の計算をします。いったん仮の申告と納税をすることになるのです。この時、相続税の各種特例、例えば「小規模宅地等の特例」や「配偶者の税額軽減の特例」などは適用できませんので、納税額が多額になる可能性が出てきます。

その後、実際に相続財産の分割が決まった時点で、再度申告を行います。当初納めた税額が過大であった場合には還付を受け、不足していた場合には追加で納税を行います。

なお、この分割ができた時点での申告においては、先ほどの各種特例を適用することができます（原則として申告期限から3年以内の分割に限られます）。

〈改正ミニ知識③〉預貯金の仮払い制度の創設

相続した預貯金について、遺産分割前でも各相続人が払戻しできる制度が創設されました。

相続が開始すると、遺産に含まれる預貯金は、遺産分割が完了するか、相続人全員の同意がなければ払戻しができませんでした。金融機関では口座が凍結され、葬儀費用や当面の生活費などが必要な場合でも引き出せないという事態が続いていました。

改正により、払戻しの方法として、①家庭裁判所での手続きと、②裁判所外での手続き（金融機関の窓口で払戻しを求める）の2つの方法が創設されました。2019年7月1日より施行されますが、施行日前に発生した相続でも、施行日以後にする払戻しにも適用されます。

相続人にとっては、遺産分割や、ほかの相続人の同意を待たずに払戻しを受けられることになり、緊急の資金融通が可能になります。

ちなみに、仮払いの請求ができるのは、法定相続分の3分の1の金額までです。

納税資金は事前に準備しておく

先ほどもお伝えしましたように、相続税の申告と同時に相続税の納税もしなければなりません。皆さまは、相続人（財産を引き継ぐ方）が、納税資金が足りず困ることがないか、確認なさっていますか。

もちろん、納税すべき税額がいくらなのかが分からないと判断できませんが、財産を引き継ぐ側の立場の方、つまりお子様側からは、「親が亡くなった時に、自分は税金を払えるのだろうか」というご不安をよくお聞きします。

実際に、不動産を相続したはいいけれど税金が納められない、というケースもございました。誰に何を相続させるか、分割内容を決める際には、相手にいくらの相続税がかかるのか、そして、その納税資金を払うことができるのか、というところまで確認しておくことが重要です。

私のお客様の例をご紹介しましょう。

息子さんに、賃貸物件を相続させる旨の遺言書を作成していましたが、納税については「彼が自分で考えればいい」とおっしゃっていました。そして、納税資金の準備をしないまま相続が起きたのです。

その賃貸物件は評価が高かったので、その分相続税もしっかりかかりました。息子さんは納税資金が足りなかったので、銀行から借入れをして相続税の支払いを行い、今でもその返済をしています。

このように、納税資金が足りないとなると、借金をしたり、不動産を売却しなければならなくなる可能性が出てきます。納税資金の確認も、事前にしっかり行う必要がありますね。

2. 相続の専門家の探し方、付き合い方

「専門家に相談するなんて、なんだかハードルが高い」と感じられる方もいらっしゃるかもしれません。しかし、基礎控除額の引下げにより、相続税は「ごく一部の人に関係するもの」ではなくなったのです。

また、「うちはそんなに財産がないから」という表現をなさる方もいらっしゃいますが、これまでお伝えしましたように、相続においては、税金だけでなく分割の対策がとても重要なのです。

相談して検討した結果、問題がないという結果が出れば、根拠がある安心感を得て頂けるでしょう。

誰に相談すればいいか

税理士でも司法書士でも、弁護士の先生でも構いません。重要なのは、実際に相続

を実務でやっていらっしゃるかどうか、という点です。

同じ税理士であってもそれぞれ専門があります。私のお客様の中には、既に担当の税理士さんがいらっしゃり、相続の部分だけを私に依頼なさる方も多くいらっしゃいます。

どうやって専門家を見つけるか

では、ご自分に合う専門家を、どのように探したらいいでしょうか。

相続のご相談においては、財産のことはもちろん、ご家族の関係や価値観などもお話し頂かなければならないので、第三者に相談するというのは、とても勇気のいることだと思います。

「誰に相談したらいいか分からない」、「まだ相談相手を見つけられていない」という方は、例えば金融機関や不動産会社などが開催する相続セミナーに、いくつか参加なさってみてはいかがでしょうか。そのような場には、相続を実務で多く経験している先生が来ているはずです。その中で比較し、相性が合う方を選ばれるといいでしょう。

また、前述しましたが、費用感が分かりにくい分野だと思いますので、その点の不安は事前に解消しておきましょう。

相談する際に相談料がいくらかかるかなど、費用の面については、事前にストレートに質問なさるのがよろしいかと思います。

セミナーなどに出向くのは面倒だという方は、日頃からお付き合いのある、信頼できる方にご紹介して頂くのもよろしいかもしれませんね。

相続に関して付き合う税理士は、

・事前の対策を手伝ってもらい、
・実際に相続が発生した際の申告を任せ、
・税務調査が入った場合には対応を依頼する。

という長期のお付き合いをしていくパートナーになりますので、慎重に選ぶようにしましょう。

エピローグ
～大切にしていること～

最後まで本書をお読み頂きまして、ありがとうございました。きっとお疲れになられたでしょうね。一つでも、今後の皆さまのお役に立てることがありましたら幸いです。

最後に、恐縮ですが、私の仕事のことを少しお話しさせてください。

私は、お客様からご相談をお受けする際、最も重要だと考えているのは、その方の「価値観」をどれだけ深く理解できるか、ということです。私が税理士だからといって、税金のことを中心に偏った話をするのが決して正しいわけではなく、お客様の「価値観」とブレがないことを確認しながら、慎重に方向性を決めていく、ということです。

もちろん、税理士として仕事をしていますので、税金の手続きやアドバイスなどをさせて頂く機会も多いですが、それ以上に、皆さまのお気持ちをお聞きしながら、ご家族間の調整役を務めさせて頂くことも、私に求められる重要な役割だと受け止めています。

私は、税理士として皆さまと関わらせて頂いていますが、それはお会いしたひとつのきっかけに過ぎません。どのような仕事においても同じだと思いますが、やはり人と人との関わりが一番大切なことだと実感しています。

これまで仕事をお受けしたお客様に、私が関わった意味があったと感じて頂けたなら、それはとても嬉しいことです。

先日、こんなことがありました。

以前、私のセミナーを聞いてくださった方のお一人が、3~4年経ってから私のセミナーをインターネットで検索し、再び会いに来てくださったのです。その方は、「あのときはすぐに動き出せませんでしたが、ようやく動き出す気持ちになれました。あのときの先生の言葉がキッカケで…」と。

また、以前に個別相談をお受けした方から、相続が発生したということで、「あのとき親身になって話を聞いてくれたから、手続きをお願いしたい」とご連絡を頂いたことがありました。

こういったお声はとても嬉しく感じると同時に、自分の日々の仕事への姿勢を見つめ直すきっかけになります。

皆さまからご相談頂くことの中には、私では解決しきれないものもあります。そういったときは、その分野の専門の方のお力をお借りしています。

私が信頼している専門家の方々（弁護士や司法書士、行政書士等の先生方）がいらっしゃるおかげで、お客様の幅広いサポートができているのだと実感しております。

人とのつながりを大切にし、今後もお客様のお役に立てる存在になれるよう、努力して参りたいと思っています。

この本の出版までには、周囲の方に大変お世話になりました。

出版のご提案をしてくださった三井ホーム株式会社の田原様、私が伝えたいことを丁寧に理解し、きめ細やかな指導をしてくださった株式会社ビーケイシーの玉木様、株式会社近代セールス社の大内様、本当にありがとうございました。

税理士　高山　亜由美

２０１９年６月

●著者紹介●

高山 亜由美（たかやま あゆみ）

税理士・たかやまあゆみ税理士事務所代表税理士

2008年　税理士法人ＰＷＣに入所し、法人・個人の税務申告業務を経験。

2010年　パートナーズ綜合税理士法人へ転職し、主に資産税の業務を行うとともに、お客様の相続に関する相談窓口である「一般社団法人相続・事業承継しえん協会」の相談員を兼務。

2015年　たかやまあゆみ税理士事務所の代表税理士として、開業独立。現在は、日本全国で年間100件近い相続・事業承継に関するセミナーや個別相談を実施。お客様の相続や事業承継に関するあらゆるご相談をお受けしている。

女性が備えるべき３つの相続
～「親」の相続、「夫」の相続、「自分」の相続

2019年７月20日　初版発行

著　　　者――高山亜由美
発　行　者――楠　真一郎
発　行　所――株式会社近代セールス社
〒165－0026
東京都中野区新井２－10－11　ヤシマ1804ビル４階
電　話　03－6866－7586
ＦＡＸ　03－6866－7596
デザイン
イラスト――伊東ぢゅん子
装　　　丁――樋口たまみ
企画協力――田原義通
編集協力――株式会社ビーケイシー
印刷・製本――株式会社アド・ティーエフ

ISBN978-4-7650-2148-7